山东馆藏文物精品大系

青铜器卷

山东省文物考古研究院 编

壹

夏商篇

科学出版社
北京

图书在版编目（CIP）数据

山东馆藏文物精品大系. 青铜器卷：全6册 / 山东省文物考古研究院编. -- 北京：科学出版社，2024. 9. -- ISBN 978-7-03-079541-0

Ⅰ. K872.520.2；K876.412

中国国家版本馆CIP数据核字第2024MB5447号

责任编辑：郝莎莎 / 责任校对：邹慧卿
责任印制：肖　兴 / 书籍设计：北京美光设计制版有限公司

科学出版社 出版

北京东黄城根北街16号
邮政编码：100717
http://www.sciencep.com
北京华联印刷有限公司印刷
科学出版社发行　各地新华书店经销

*

2024年9月第　一　版　开本：889×1194　1/16
2024年9月第一次印刷　印张：118

字数：3 400 000

定价：2980.00元（全六册）

（如有印装质量问题，我社负责调换）

编委会

参编人员 （按照姓氏笔画排序）

丁一斐　丁露刚　于　勇　于法霖　万　菲　王　青　王　欣　王　勃　王　勇

王　敏　王　焕　王　滨　王　磊　王冬梅　王忠保　王相臣　王树栋　王昱茜

王倩倩　王淑芹　王新刚　王新华　王德明　尹传亮　尹秀娇　尹继亮　邓庆猛

史本恒　曲　涛　吕宜乐　任庆山　任妮娜　刘云涛　刘安鲁　刘好鑫　刘丽丽

刘洪波　刘鸿亮　齐向阳　衣可红　衣同娟　汲斌斌　阮　浩　孙　威　孙全利

孙名昌　孙建平　牟文秀　闫　鑫　苏　琪　苏建军　李　娟　李　晶　李　斌

李秀兰　李林璘　李建平　李顺华　李祖敏　李爱山　李景法　李翠霞　李慧竹

杨昌伟　杨晓达　杨海燕　杨淑香　杨锡开　肖守强　何绪军　宋少辉　宋文婷

张文存　张世林　张伟伟　张仲坤　张英军　张春明　张爱敏　张婷婷　张慧敏

陈　魁　陈元耿　陈晓丽　陈翠芬　昌秀芳　金爱民　周　丽　周　坤　郑建芳

郑德平　房　振　赵　娟　赵孟坤　赵常宝　胡　冰　胡可佳　柳建明　柳香奎

侯　霞　姜　丰　袁晓梅　耿　波　聂瑞安　徐义永　徐吉峰　徐倩倩　奚　栋

高　雷　郭　立　郭公仕　郭贤坤　桑声明　曹胜男　崔永胜　崔胜利　鹿秀美

阎　虹　梁　信　董　艺　董　涛　韩升伟　程　红　程　迪　傅吉峰　蔡亚非

颜伟明　潘雅卉　燕晴山　穆红梅　魏　萍

参编单位

山东省文物考古研究院	山东博物馆	山东大学博物馆
孔子博物馆	济南市博物馆	济南市考古研究院
济南市长清区博物馆	济南市章丘区博物馆	济南市济阳区博物馆
济南市莱芜区博物馆	平阴县博物馆	青岛市博物馆
青岛市黄岛区博物馆	莱西市博物馆	胶州市博物馆
平度市博物馆	淄博市博物馆	齐文化博物院
临淄区文物考古研究所	桓台博物馆	沂源博物馆
枣庄市博物馆	滕州市博物馆	东营市历史博物馆
烟台市博物馆	海阳市博物馆	莱州市博物馆
蓬莱阁景区管理服务中心	栖霞市牟氏庄园管理服务中心	龙口市博物馆
长岛海洋生态文明综合试验区博物馆	招远市博物馆	潍坊市博物馆
潍坊市寒亭区博物馆	安丘市博物馆	昌乐县博物馆
昌邑市博物馆	高密市博物馆	临朐县博物馆
青州市博物馆	寿光市博物馆	诸城市博物馆
济宁市博物馆	济宁市兖州区博物馆	泗水县文物保护中心
嘉祥县文物旅游服务中心	邹城市文物保护中心（邹城博物馆）	
泰安市博物馆	新泰市博物馆	宁阳县博物馆
肥城市博物馆	威海市博物馆	荣成博物馆
日照市博物馆	五莲县博物馆	莒州博物馆
临沂市博物馆	费县博物馆	蒙阴县文物保护中心
莒南县博物馆	兰陵县博物馆	平邑县博物馆
沂南县博物馆	沂水县博物馆	郯城县博物馆
菏泽市博物馆	巨野县博物馆	成武县博物馆
惠民县博物馆	邹平市博物馆	阳信县博物馆

凡　例

1.《山东馆藏文物精品大系·青铜器卷》为"山东文物大系"系列的组成部分，共六卷。第一卷：夏商篇；第二卷：西周篇；第三、第四卷：春秋篇；第五卷：战国篇；第六卷：秦汉篇。

2.本书所选器物，均由山东省内各文物收藏单位、考古机构提供，再由编者遴选。以出土器物为主，兼顾传世品；突出考古学文化代表性，兼顾艺术特色。所收资料截至2022年。所收照片、拓片除了各文物收藏单位提供的之外，有较多数量文物是编著单位专门到各收藏单位重新拍摄、拓取的；器物描述多数也经过编者的修改。

3.文物的出土地点尽量标注出当时的出土地点名称及现今的行政区划，可以具体到小地点的，使用最小地点名称。一些早年出土的文物，现在无法确定行政单位的，按照各收藏单位早年登记的地点。

4.文物的收藏单位以文物的实际所有单位为准。

5.关于器物的编辑排序、定名、时代等的说明。

编辑排序：首先，按照时代排序：岳石、商、西周、春秋、战国、秦、西汉、新莽、东汉。其次，在按时代排序的基础上，按器类排序：容器、乐器、兵器、车马器、工具、度量衡及其他等。每一卷的器物顺序参考《中国出土青铜器全集》，每一类器物的顺序也是按照时代排列，如果某种器物数量较多，先分类，每一类也是按照时代顺序排列。

定名：仅列器物名称，不加纹饰、铭文等。

器物有铭文或者纹饰的，尽量用照片和拓片表现，文字说明为辅助。

成组的器物根据器物的保存状况尽量成套展示。

序

　　2015年冬天，我在山东莒县参加"青铜器与山东古国学术研讨会"，与李伯谦、刘绪先生一起听取了山东省文物考古研究所刘延常先生关于《中国出土青铜器全集（山东卷）》编纂工作的汇报，延常不仅汇报了书籍编纂的情况，同时也提到了编纂图书的工作思路和方法，当时就觉得他思路清晰，也是认真地在做这件事。令人高兴的是，延常先生还提到在完成《中国出土青铜器全集（山东卷）》之后，山东省文物考古研究所还将继续进行多卷本的《山东馆藏文物精品大系·青铜器卷》的编纂，仍由他负责。听到此消息后，不禁感慨近年来山东地区商周考古的迅速发展、青铜器研究的逐渐深入，也深知这项庞大工作分量之重，要涉及器物选择、资料收取、整体编排等问题，并非一件容易的事情。以后几年中，每到山东或者在一些学术会议上碰到延常，问及图书的相关编纂工作，了解到这项工作一直在进行，但需要做的工作很繁琐，而三年疫情也拖延了书稿的竣工时间。

　　山东地区出土的青铜器在全国来说数量较多，且具有特点。龙山文化时期，在胶县三里河、诸城呈子等遗址已发现有铜器或铜器残片；岳石文化时期，在泗水尹家城、牟平照各庄、沂源姑子坪等遗址发现有小件的青铜器；商代时，随着商人势力向东伸展，在鲁中与滕州南部地区的济南大辛庄、寿光益都侯城、青州苏埠屯、滕州前掌大等重要的遗址出土有二里岗文化与殷墟文化时期的青铜器。进入西周时期，西周王朝分封齐、鲁与诸封国，山东地区成为王朝重要的屏障。只是目前齐、鲁这样重要的封国在西周早期的都城遗址之所在有待进一步探索，这一时段青铜器尚发现较少。近年来高青陈庄墓地出土的西周早期青铜器发现有为齐太公所作器，2023年在此墓地的发掘又有十分重要的发现，皆为探寻西周早期齐国都邑提供重要信息。东周时期是山东青铜器的百花齐放时期，古国众多，青铜器数量激增，形制有明显区域特征，除齐、鲁青铜器有重要发现外，一些东夷小国的青铜器也多有出土，为山东青铜器增加了异彩。到了汉代，山东地区的青铜器的形制与风格虽趋同于中原地区青铜器，但形态优美的灯、炉等，仍十分有特点。刘延常先生在前几年的研究中曾提出"东土青铜器群"的概念，认为从西周晚期开始，山东地区的青铜器显现出强烈的地方特点，在器型、器物组合、纹饰等方面，有别于中原周式的青铜器，具有自身特点，这种独特性一直延续到战国早中期，由此书所收丰富的资料，读者正可以真切感受到延常先生讲到的东土器群的独特性。

这套书尽力囊括了山东全省的青铜器资料，全书器物的选择都是建立在对全省考古资料、博物馆馆藏情况作细致调研、充分掌握相关资料基础上的。有一些资料虽是早年发表，但当时器物未及修复，近年才得以修复，如龙口市博物馆所藏的芮公簋、济宁市博物馆所藏的薛国故城成组铜器等；还有一些虽然早年就已经出土，但是一直未引起关注，如姚官庄遗址的岳石文化铜器、日照市博物馆所藏卵形壶、鲁东南早年出土的大量春秋时期的器物等，本书选择了其中较多过去未著录的代表性器物。近年来的重要发现，如邾国故城 J3 的成组度量衡、滕州大韩墓地的铜器、曲阜农业局 M6 的铜器、临淄西孙墓地的铜器等均已收录于本书中。一些有铭的传世青铜器，如山东博物馆的颂簋、秦二世诏版等亦见于本书。

再者，器物的选择也体现了编著者的研究过程和研究心得。整套书从岳石文化到汉代，按时代分为六卷。器物的编排，先按时代，再按器类，其中每一类器物又按器型进行细分为若干小类，小类又基本按具体时代顺序排列。这样一个编排方式体现了对青铜器作类型学分析与研究的结果。

《山东馆藏文物精品大系·青铜器卷》的出版，让我们欣喜地看到山东文物考古工作近年发展的一些新动向。一是重要的考古发现不断。二是考古发掘和实验室考古、文物修复工作紧密衔接，例如高青陈庄墓地、曲阜望父台墓地等的工作。如望父台 M1 出土文物整体提取，进行实验室考古；大韩墓地在发掘完成后的数年内，所有的青铜器也已经全部修复完成。三是资料整理工作周期开始变短，沂水纪王崮、滕州大韩等墓地都已经发表了部分成果。四是文物修复工作在全省范围内都得到重视和发展，很多地方博物馆的文物也在近年得到修复并展示。五是自身的特点，特别是东周时期的青铜器的区域特征得到研究者更多的关注，有关器物的国别、铸造工艺研究等成果层出不穷，反映了对山东青铜器研究的深入和细化。

《山东馆藏文物精品大系·青铜器卷》的出版，凝聚了编纂者辛勤付出的心血。刘延常先生主持了这套书的编纂工作，由山东省考古研究院调任山东博物馆后，一直坚持促成这项工作的继续进行。山东省考古研究院孙波院长对这套书的出版和编纂工作也相当关心并给予了鼎力支持，后期更参与到编纂工作中。徐倩倩女士从前期资料的收集、文物初选，与各收藏单位的对接，到后期与编辑的沟通等，做了大量具体而细致的工作。

《山东馆藏文物精品大系·青铜器卷》的出版，是山东地区青铜器与考古学研究的一部重要的成果。这套书的出版也一定会进一步促进学界对于山东青铜器的关注与研究，尤其希望山东本地的学者以此书出版为契机，发挥自身优势，将本区域的青铜器研究提高到一个新水平。

2024 年 7 月 10 日

前　言

　　2008 年《中国出土青铜器全集》由李伯谦、刘绪两位先生牵头开始启动，其中山东卷 2013 年交由山东省文物考古研究所负责。2015 年《中国出土青铜器全集（山东卷）》编纂中期，山东省文物局领导在听取工作汇报后，受到启发决定启动《山东馆藏文物精品大系》的编纂工作，计划出版青铜器、玉器、瓷器、绘画等系列，其中青铜器系列由山东省文物考古研究所负责。对此，时任所长的郑同修十分重视，决定结合正在进行的《中国出土青铜器全集（山东卷）》的编纂，两项工作合并开展。

　　2016 年 1 月，山东省文物考古研究所召集全省各地市文物局和重点博物馆相关人员在济南开会，利用《中国出土青铜器全集（山东卷）》中期总结的时机，部署《山东馆藏文物精品大系·青铜器卷》的资料收集工作，当时的要求是各地青铜器资料尽可能囊括，希望各收藏单位将青铜器资料整理后汇总给编纂小组。此次会议确定了《山东馆藏文物精品大系·青铜器卷》的收录标准与范围：出土文物优先，其他来源的重要文物也可收录；器物要求完整或基本完整，品相较好，但铭文、纹饰特殊或其他方面有明显代表性的器物：例如长岛王沟墓地的刻划纹铜片，虽残损严重，但还保留较好的叙事性特点，且山东同类器较少，也可收录；相关资料，要尽可能地包括器物的照片、拓片、描述（时代、出土地点、尺寸、器型）等。

　　2017 年全省资料收集基本完成，共汇总青铜器近 8900 件 / 套（统计数量不包括钱币，仅包含少量铜镜和印章，时间界定在汉代及以前）。根据文物情况，初步确定编纂出版六卷，其中夏商一卷、西周一卷、春秋两卷、战国一卷、秦汉一卷。

　　从 2016 年开始，编纂小组就开始根据收录标准对汇集材料进行甄选，其间不断与各文物收藏单位沟通，调整和补充文物资料，陆续增加了新的出土器物。因各地汇总资料完善程度参差不齐，编纂小组分别在 2016 年 6 ～ 7 月、2020 年 4 ～ 5 月前后两次派出专门小组到全省 20 余家重点单位或前期工作不足的单位，进行资料补充和整理。2019 年，《中国出土青铜器全集》出版，山东卷分为上下两册，文物数量 442 件。到 2024 年，《山东馆藏文物精品大系·青铜器卷》的编纂工作已历八年，除了中间因人员调动、疫情等原因稍有停滞外，已基本完成并交付出版社。经过连续多年的工作，拟发表铜器数量从最初的 2350 件 / 套到目前的 1343 件 / 套，涉及全省 71 家文物收藏单位，前后参编的工作人员 130 余人。

　　《山东馆藏文物精品大系·青铜器卷》的出版，首先得益于山东省文化和旅游厅（山东省文物局）的决策和立项，山东省文物考古研究院承接后周到安排、全力推动，这期间无论是领导变动、院址搬迁，还是单位整体形势发生变化，都没有耽误相关工作的进行。其次是全省相关文物收藏单位的大力支持，从前期的资料收集汇总，到工作小组实地采集文物信息，再到排版期间的资料核对，都离不开各兄弟单位的配合和帮助。近十年以来，山东文物保护工作发展迅速，各收藏单位有相当数量的青铜器都在近年完成较高质量的修复和保护，展现了新的容貌，其中既有新出土的，还有旧藏原本保存不太理想的，大大丰富了我们的认知，扩大了我们可挑选文物的数量。最后还要提及的是《中国出土青铜器全集（山东卷）》的编纂为我们提供了很好的工作和学术基础，让我们拥有一定的知识和能力储备，这大大加快并简化了我们的工作。

整套图书的编纂工作，也离不开专家的指导。李伯谦、朱凤瀚、刘绪先生多次关心工作进展，2015 年在山东莒县"青铜器与山东古国学术研讨会"期间，他们对《山东馆藏文物精品大系·青铜器卷》的编纂给予了必要指导。任相宏、郑同修、方辉、杨波、王青等对工作方法和编纂提出诸多建议，对一些入选的文物也提出了自己的见解。2023 年 8 月，朱凤瀚、苏荣誉、孙波、郎剑锋等在济南对于已经初步成型的稿件进行审阅，并对部分挑选的器物、部分器物的铭文进行现场辨析。另外还有一些专家在编纂过程中，经常通过各种方式解答我们的疑问。我们对参与这项工作的所有专家和学者表示由衷的感谢。

《山东馆藏文物精品大系·青铜器卷》虽然是图录的形式，但我们是把它当作正式的学术著作来做的，在工作初期就定下要坚持学术导向、要体现编者的学术研究和学术思想的准则，形成对山东青铜文化的系统认识。在编纂之初，就尽可能地收集当时已经出版的相关资料，深入学习研究，先从总体上把握山东地区青铜器的发展脉络，理出整体格局，打好工作基础。在资料汇总完成、进行文物甄选的过程中，又认真研读所涉及的每一处遗址、每一处墓地、每一个墓葬和每一件器物，力争吃透材料。在书籍初排成型的过程中，根据既定体例，全书器物的排序按照先时代、后器类的顺序，这项工作又是对每一类器物进行分型分式、时空分析的研究过程。整个图书编纂，都是在考古学方法指导下进行的，体现了编者对于山东地区青铜器发展的理解和研究。希望这套图书的出版，能够为大家提供对山东青铜器资料一个整体性的梳理小结，从而为今后学者的探索提供系统、可靠的资料。

《山东馆藏文物精品大系·青铜器卷》的顺利出版，离不开科学出版社的大力帮助，考古分社的孙莉社长一直关注并敦促此套图书的出版进程，王琳玮、郝莎莎两位编辑专业素质过硬，细致耐心，在书的内容上进行仔细核对，甚至对器物名称、出土地点等反复确认；在整套书的风格、设计上也给出了很多好的建议。李茜在编纂初期也参与了一些工作。

关于本套图书，编者还有个小小的遗憾，从文献记载最早的出土品是"1123 年临淄齐故城出土叔夷镈等几十件青铜器"以来，山东地区的青铜器散落国内外、省内外的多家收藏单位，其中不乏重器。近年的考古发掘中也屡有所获，比如山西横水、河南登封告成等墓地出土了带有"鲁侯"铭文的铜器，都是填补空白的重要发现。编者最初曾经想将上述这些山东以外的收藏单独收集成册，但牵涉甚广，难度巨大，时间不允许，只能放弃，但愿今后有机会了此夙愿。

编　者

2024 年 7 月 10 日

山东地区青铜器发现与研究概述

刘延常　　　徐倩倩

山东省北邻渤海、东临黄海，属中国东部沿海地区，同辽东半岛遥遥相邻、与朝鲜半岛隔海相望；地处黄河下游，南部地区属淮河下游，整体为黄淮下游。位于北纬34°22.9′～38°24.01′、东经114°47.5′～122°42.3′之间，属暖温带季风气候带。地形地势以低山丘陵为主，约占全省总面积的2/3，包括泰沂山系、鲁中南山地、滨海低山丘陵和山东半岛低山丘陵，鲁西和鲁北为广袤平原。独特的地形地势，导致河流向四周分流或直接入海，北流入渤海的主要有黄河、徒骇河、小清河、淄河、弥河、白浪河、潍河、胶莱河、湟水河、大沽河等，大汶河向北流入黄河，泗河、沂河、沭河等向南注入淮河，鲁东南滨海区域和胶东半岛的河流则直接注入黄海。独特的地形地势、适宜的纬度带，形成了独立的气候与自然地理单元。

山东古代历史文化发展脉络

山东地区是人类发祥地之一，有距今60余万年的"沂源猿人"，有距今9.9万年的沂水跋山遗址群发现的众多旧石器时代晚期文化遗存地点，有距今5万年的晚期智人——"新泰乌珠台人"等。距今2万～1万年的细石器文化以鲁东南地区的凤凰岭文化和汶泗流域的东贾柏类型遗存为代表。史前时期山东地区称为"海岱历史文化区"，包括古代青州全部、兖州和徐州大部，形成了繁荣发展、谱系完善的新石器时代文化发展序列——后李文化、北辛文化、大汶口文化、龙山文化，奠定了"东夷族团"的文化传统。大汶口文化中晚期至龙山文化晚期城址的发现，显示山东地区已经进入古国（酋邦）林立发展阶段；龙山文化红铜、黄铜制品或相关遗存的出土，标志着铜器产生的萌芽，图像与符号文字、礼制、阶层分化和聚落等级等迹象揭示文明的早期起源。这些考古发现与研究表明，山东地区是文明起源与早期国家形成的地区之一，是中华文明多元一体格局的重要组成部分。

进入青铜时代，是山东地区文化交流、融合发展阶段，中原地区商文化、周文化先后东渐，与东夷文化和地方文化融合，文化再度繁荣——逐渐形成齐鲁地域文化。岳石文化是继龙山文化之后的东夷文化，其年代与夏代和商代前期并行，从早到晚由西向东逐渐退缩；鲁西南、鲁西北、鲁北地区的岳石文化，与先商文化（下七垣文化）关系密切；岳石文化早期，泗水尹家城、潍坊姚官庄等多处遗址出土青铜工具等小件，说明山东地区是青铜器初步发展的地区之一。

商代，商王朝东扩和商文化东渐成为主流，既是文化替代更是文化融合，青铜器的繁荣可以看出早商、中商和晚商阶段的征伐路线、据点等，众多古族、方国得以东迁、落户和发展，山东地区大部成为商王朝的东土，成为商文化的重要分布区域。珍珠门文化是继岳石文化之后的晚商时期至西周早中期的东夷文化，由于商王朝的东扩与征伐，其分布范围逐渐向东缩小，发展水平比较落后；珍珠门文化遗存在鲁北地区东部与商文化共存融合比较充分。

武王克商，周公东征、成王分封之时，山东地区是强大的商王朝东方及东夷土著势力范围。西周早中期青铜器的发现，证明了周王室采取诸多措施控制东方，如分封姜太公到齐国镇抚鲁北地区，又布局王师、王室贵族及归顺贵族等辅佐齐国，掌控鲁北和胶东半岛；分封鲁国坐镇鲁中南地区，又布局滕、薛等古国辅佐掌控鲁南局势。西周晚期，随着诸侯国势力的发展，周王室的衰亡和齐国、鲁国等诸侯国内部局面的失控，出土青铜器地点增多，地方文化因素彰显，诸多古族、古国重封、迁徙，齐文化、鲁文化、莒文化、莱文化逐渐形成。

东周时期呈现出诸侯争霸称雄的国际局面，山东地区以齐国霸业发展、周礼尽在鲁矣为核心，东土古国、泗上十二诸侯国等众多古国并存。《春秋》《左传》记载春秋时期山东地区尚存60余个古国，目前通过城址、诸侯国国君墓葬、有铭文青铜器等研究，越来越多的古国被得以证明；众多古国青铜器的出土，也证明了吴文化、越文化、楚文化、燕文化及周边诸多古国以各种方式不断与山东地区古国交流融合；青铜器逐渐形成了以齐国青铜器、东土青铜器为主及其与周边古国青铜器相互融合的地域风格。

以战国末期强大齐国的延续为基础，以汉高祖的故乡楚国为后盾，山东地区汉代经济繁荣发展、人口密度大，郡国并行、刘姓封国较多，道家、儒家等传统文化积淀丰厚而盛行，青铜器的功能、种类、组合、纹样与铸造等均发生了重大转折。

青铜器的发现与研究史

山东地区古代文明发达，历史文化繁荣，古族古国众多，多种文化的交流融合充分，传统文化积淀深厚且传承有序，作为历史、文明、文化载体的青铜器埋藏丰富、亮点纷呈，青铜器发现早、研究多，是古代青铜器收藏、保护、研究、展示与利用的重要地区。

1949 年中华人民共和国成立以前，是青铜器零星出土和传世青铜器著录阶段。早在元代、清代就有青铜器的出土及其记录，如 1123 年临淄齐故城出土叔夷镈等几十件青铜器、1854 年新泰出土一批杞器、1857 年胶州灵山卫出土左关釜等 3 件齐国量器、1893 年河北易县出土 4 件齐侯滕女青铜器、1896 年黄县鲁家沟出土莱伯旅鼎、1930 年滕州凤凰岭出土春秋时期鲁伯愈父鬲、1931 年青州苏埠屯出土商代青铜器、1932 年曲阜鲁故城林前村出土春秋时期鲁大司徒元铺、1933 年滕州安上村出土的多件铭文铜器等。陈介祺（1813～1884 年）系中国清代金石学家，山东潍县人，收藏众多青铜器和印章，著述《簠斋金石文考释》《簠斋吉金录》《十钟山房印举》等。曾毅公发表《山东金文集存·先秦编》[①]。

中华人民共和国成立后至 20 世纪 70 年代，获得青铜器的方式以考古发掘、抢救性清理和征集等方式为主，青铜器发现数量增幅较大，研究主要体现在报道青铜器资料、考释金文、研究古族古国等方面，青铜器研究属于起步和初期阶段。临淄齐故城、曲阜鲁故城、滕州薛故城、青州苏埠屯、莒南大店、沂水刘家店子等发掘出土一批商周时期青铜器。临淄尧王、桓台史家、济南大辛庄、历城百草沟、长清小屯、临朐杨善和泉头、诸城臧家庄、黄县归城、烟台上夼、莱阳前河前、胶州西菴、莒县天井汪、苍山东高尧、邹城、峄县、滕州、兖州等地，通过考古调查与征集、群众送缴和抢救性清理墓葬等方式获得大量商代至汉代青铜器，其中不乏重器，如著名的国子鼎、牺尊、长方形大铜镜、邾伯鬲、楚高罍、亚醜钺等。诸多青铜器在《文物参考资料》《文物》《考古》《考古学报》和专题报告中进行了报道。主要著录有郭沫若著《两周金文辞大系图录考释》和容庚著《商周彝器通考》《殷周青铜器通论》中涉及山东地区相关青铜器研究的部分，王献唐著《黄县㠱器》[②]，《山东古国考》[③]中《邾伯鬲》一文，山东省博物馆编著《山东文物选集（普查部分）》[④]等，齐文涛对中华人民共和国成立后山东地区青铜器的发现做了研究性概述[⑤]。

20 世纪 80 年代至今，青铜器的发现主要是发掘出土品，数量众多，以主动考古发掘和配合经济建设工程开展的考古发掘、抢救性清理墓葬获得为主，征集或送缴方式少见，另有打击盗掘古墓犯罪所获青铜器，偶见国际拍卖和国际收藏家所藏基本为盗掘流出的青铜器。青铜器研究主要体现在发表出土青铜器资料、出版青铜器图录和综合研究著作，青铜器研究进入繁荣的综合研究阶段。济南大辛庄、刘家庄，青州苏埠屯，滕州前掌大、庄里西，寿光益都侯城，济阳刘台子，曲阜鲁故城，龙口归城，临淄河崖头、东夏庄、相家庄，长清仙人台，海阳嘴子前，沂水纪王崮，临沂凤凰岭，郯城大埠，枣庄东江、徐楼，新泰周家庄，高青陈庄，滕州大韩等重要遗址或墓地都发

① 曾毅公：《山东金文集存·先秦编》，1940 年。
② 王献唐：《黄县㠱器》，山东出版社，1960 年。
③ 王献唐：《山东古国考》，齐鲁书社，1983 年。
④ 山东省文物管理处、山东省博物馆合编：《山东文物选集（普查部分）》，文物出版社，1959 年。
⑤ 齐文涛：《概述近年来山东出土的商周青铜器》，《文物》1972 年 5 期。

表资料或出版报告，还有一些博物馆针对专题展览出版青铜器图录[①]。陈佩芬、王世民、杜迺松对山东地区商周青铜器进行研究[②]，朱凤瀚在其著作中对于山东地区的青铜器也有涉及[③]，山东博物馆曾梳理山东地区出土的铜器金文[④]，陈青荣、赵緼对相关古国的出土和传世铜器及其金文作专门整理[⑤]，中国社会科学院考古研究所编著《殷周金文集成》[⑥]，吴镇烽编著的《商周青铜器铭文暨图像集成》[⑦]及《商周青铜器铭文暨图像集成续编》[⑧]中亦有针对于山东青铜器的收录，王恩田对东周齐国铜器进行分期与断代[⑨]，刘彬徽对山东东周青铜器进行初步研究[⑩]，王献唐对黄县㠱器的研究[⑪]，路国权对山东东周容器的分析[⑫]。还有一系列对齐国金文研究的学位论文[⑬]，曹艳芳在其博士论文中对商代青铜器进行研究[⑭]，吴伟华、毕经纬分别将海岱地区的两周时期青铜器研究作为学位论文的研究课题[⑮]，王青教授在周代墓葬研究中对青铜器也有叙述[⑯]，李伯谦先生主编的《中国出土青铜器全集》中山东占两卷[⑰]。

① 山东博物馆等：《惟薛有序 于斯千年——古薛国历史文化展》，浙江人民美术出版社，2018年；山东博物馆等：《大君有命 开国承家——小邾国历史文化展》，北京时代华文书局，2018年；齐国故城遗址博物馆：《齐国故城遗址博物馆馆藏青铜器精品》，文物出版社，2015年；沂源县文物管理所：《沂源文物精粹》，文物出版社，2016年；等。
② 《中国青铜器全集》，文物出版社，1997年。
③ 朱凤瀚：《中国青铜器综论》，上海古籍出版社，2009年。
④ 山东博物馆：《山东金文集成》，齐鲁书社，2007年。
⑤ 陈青荣、赵緼：《海岱古族古国吉金文集》，齐鲁书社，2011年。
⑥ 中国社会科学院考古研究所：《殷周金文集成》，中华书局，1990年。
⑦ 吴镇烽编著：《商周青铜器铭文暨图像集成》，上海古籍出版社，2012年。
⑧ 吴镇烽编著：《商周青铜器铭文暨图像集成续编》，上海古籍出版社，2016年。
⑨ 王恩田：《东周齐国铜器的分期与断代》，《中国考古学会第九次年会论文集·1993》，文物出版社，1997年。
⑩ 刘彬徽：《山东地区东周青铜器研究》，《中国考古学会第九次年会论文集·1993》，文物出版社，1997年。
⑪ 王献唐：《山东古国考》，齐鲁书社，1983年。
⑫ 路国权：《东周青铜容器谱系研究》，上海古籍出版社，2018年。
⑬ 张振谦：《齐系文字研究》，安徽大学博士学位论文，2008年；孙刚：《东周齐系题铭研究》，吉林大学博士学位论文，2012年；赖彦融：《早期齐彝铭研究》，中国社会科学院研究生院硕士学位论文，2011年。
⑭ 曹艳芳：《山东出土商代青铜器研究》，山东大学博士学位论文，2006年。
⑮ 吴伟华：《东周时期海岱地区青铜器研究》，南开大学博士学位论文，2012年；毕经纬：《海岱地区商周青铜器研究》，陕西师范大学博士学位论文，2013年；毕经纬：《海岱地区出土东周铜容器研究》，《考古学报》2012年4期；毕经纬：《问道于器——海岱地区商周青铜器研究》，上海古籍出版社，2019年。
⑯ 王青：《海岱地区周代墓葬研究》，山东大学出版社，2002年；王青：《海岱地区周代墓葬与文化分区研究》，科学出版社，2012年。
⑰ 李伯谦主编：《中国出土青铜器全集》，科学出版社，2018年。

铜器的发现与青铜器的初步发展

我们曾经对山东地区龙山文化和岳石文化出土铜器地点进行了介绍[①]。龙山文化时期出土铜器的遗址目前有8处,胶县三里河发现两件锥形铜器,属于黄铜,研究者认为"很可能是利用含有铜、锌的氧化共生矿在木炭的还原气氛下得到的"[②]。目前考古发现表明,在鲁东南地区、胶东半岛的龙山文化遗址已经能够铸造黄铜和红铜铜器,在长岛长山岛、栖霞杨家圈、诸城呈子、日照尧王城、临沂大范庄遗址发现龙山文化铜片和铜渣。说明山东地区是铜器和青铜器铸造较早发生地之一。联系龙山文化发现的众多城址、等级聚落、贫富分化和礼制器物的出现等现象,证明龙山文化时期已经进入文明和古国阶段。相信今后还会有更多遗址出土更多的铜器。

岳石文化时期铜器器类增多,多为锡青铜和铅青铜,并经过范铸和锻打等多项工艺制成。牟平照格庄遗址出土的一件青铜锥,经鉴定为青铜[③]。泗水尹家城出土14件铜器,有镞、刀、锥、环和铜片等,经鉴定有3件红铜和6件青铜[④]。青州郝家庄[⑤]、沂源姑子坪[⑥]、潍坊姚官庄[⑦]也有发现。岳石文化是继龙山文化之后的东夷文化,考古发现证明这个时期铜器铸造得到发展并产生了青铜器,但未出土青铜容器,与二里头文化相比相对落后。研究表明,岳石文化中晚期持续东退与衰弱,联系早商晚段开始的商文化东渐与替代现象,说明山东地区青铜器没有独立持续发展下来。

商代青铜器的繁荣

进入商代,商文化东渐和岳石文化东退,至晚商时期的东夷文化-珍珠门文化与商文化并存,与岳石文化时期相比,伴随商人东扩青铜器进入了繁荣阶段。

---

① 刘延常、郝导华:《山东地区先秦时期青铜器的发现与研究》,《青铜文化研究》2005年4期。
② 北京钢铁学院冶金史组:《中国早期铜器的初步研究》,《考古学报》1981年3期。
③ 中国社会科学院考古研究所山东队等:《山东牟平照格庄遗址》,《考古学报》1986年4期。
④ 山东大学历史系考古专业教研室:《泗水尹家城》,文物出版社,1990年。
⑤ 吴玉喜:《益都县郝家庄新石器时代遗址》,《中国考古学年鉴·1983》,文物出版社,1984年;吴玉喜:《岳石文化地方类型初探——从郝家庄岳石遗存的发现谈起》,《考古学文化论集(3)》,文物出版社,1993年。
⑥ 任相宏:《沂源县姑子坪龙山文化至周代遗址》,《中国考古学年鉴·1991》,文物出版社,1992年。
⑦ 文物现藏山东省文物考古研究院。

（1）商代前期山东地区出土青铜器的地点有10余处，如济南大辛庄[①]、淄博桓台史家[②]、滕州大康留[③]、滕州轩辕庄[④]、滕州东郭镇辛绪村、莒南虎园水库[⑤]、潍坊安丘雹泉镇老峒峪[⑥]、济南长清区前平、滕州吕楼、莱西前我乐村遗址等，青铜器类较少，主要有鼎、瓿、爵、斝、罍、提梁卣、盉、斗、钺、斧等。纹样多为兽面纹或双夔龙纹组成兽面纹，还有云雷纹、联珠纹、凸弦纹、十字镂孔，有的则以云雷纹为地；纹样多装饰在鼎上腹部、瓿柄部、爵和斝的颈部、卣和罍腹部，镂孔主要装饰在瓿、卣、罍的圈足部位。目前尚未发现铭文青铜器。

（2）商代后期，商文化分布的大半个山东均有青铜器发现，出土地点30余处，其中不乏高等级的遗址和高规格的墓葬。出土青铜器比较重要的地点有济南大辛庄、刘家庄[⑦]、长清小屯[⑧]、滕州前掌大[⑨]，兖州李宫[⑩]、青州苏埠屯[⑪]、沂源东安[⑫]、胶州西菴[⑬]、临沂东高尧[⑭]、寿光益都侯城[⑮]、费县朱田镇[⑯]、昌邑[⑰]、惠民大郭[⑱]等，器类也更加丰富，器型变化也更丰富，包括炊煮器、盛器、食器、酒器、水器、乐器、兵器、车马器、工具等，主要有圆鼎、方鼎、扁足鼎、甗、鬲、簋、豆、爵、角、瓿、斝、觯、尊、卣、壶、罍、盘、盉、斗、铙、钺、戈、矛、刀、弓形器、盔、车具、策、斧、锛、削等。

纹样更加丰富，除延续兽面纹、夔龙纹、云雷纹等主题纹样外，又增加了动物纹样、几何纹样等，主要有象纹、虎纹、蝉纹、小鸟纹、涡纹、乳丁纹、弦纹、蕉叶纹等。兽面纹有两种风格，一种是仅圆目凸出，其余部位用云雷纹表现。另一种是兽面纹浮雕表现口、鼻、角等部

① 陈雪香、史本恒、方辉：《济南大辛庄遗址139号商代墓葬》，《考古》2010年10期。
② 齐文涛：《概述近年来山东出土的商周青铜器》，《文物》1972年5期。
③ 万树瀛：《山东滕州市薛河下游出土的商代青铜器》，《考古》1996年5期。
④ 滕州市博物馆：《山东滕州市发现商代青铜器》，《文物》1993年6期。
⑤ 刘延常、赵国靖、刘桂峰：《鲁东南地区商代文化遗存调查与研究》，《东方考古（第11集）》，科学出版社，2014年。
⑥ 安丘县博物馆：《山东安丘老峒峪出土一件商代青铜戈》，《考古》1992年6期。
⑦ 济南市考古研究所：《济南市刘家庄遗址商代墓葬M121、M122发掘简报》，《中国国家博物馆馆刊》2016年7期。
⑧ 山东省博物馆：《山东长清出土的青铜器》，《文物》1964年4期。
⑨ 中国社会科学院考古研究所编著：《前掌大墓地》，文物出版社，2005年；李鲁滕：《滕州前掌大村南墓地发掘报告（1998～2001）》，《海岱考古（第三辑）》，科学出版社，2010年。
⑩ 郭克煜、孙华铎、梁方建等：《索氏器的发现及其重要意义》，《文物》1990年7期。
⑪ 山东省文物考古研究所、青州市博物馆：《青州市苏埠屯商代墓发掘报告》，《海岱考古（第一辑）》，山东大学出版社，1989年。
⑫ 沂源县文物管理所：《沂源东安古城》，文物出版社，2016年。
⑬ 山东省昌潍地区文物管理组：《胶县西菴遗址调查试掘简报》，《文物》1977年4期。
⑭ 临沂文物收集组：《山东苍山县出土青铜器》，《文物》1965年7期。
⑮ 寿光县博物馆：《山东寿光县新发现一批纪国铜器》，《文物》1985年4期。
⑯ 程长新、曲得龙、姜东方：《北京拣选一组二十八件商代带铭铜器》，《文物》1982年9期。
⑰ 孙敬明、赵仲泉：《山东昌邑出土商代邓共盉稽考》，《于省吾教授百年诞辰纪念文集》，吉林大学出版社，1996年。
⑱ 山东惠民县文化馆：《山东惠民县发现商代青铜器》，《考古》1974年3期。

位，以云雷纹为地；兽面纹仍是大多作为主题纹饰，其他纹饰作为辅助出现。夔龙纹多在器物口沿下、颈部或者圈足部饰一周，蕉叶纹多饰在器物口沿下、下腹部或者鼎的足根部，小鸟纹或在颈部饰一周，或是在器腹作为主题纹饰。多扉棱装饰，兽面纹以扉棱为鼻，或者以扉棱作为成组纹饰的分界，也有以浮雕兽首为界隔。凸弦纹在颈部、器身多组纹饰之间起到装饰作用，少量器物在器外底有纹样。比较有特点的是惠民大郭出土的圆鼎，上腹部饰两虎纹，两虎相对，其余部位素面。有些地点出土青铜器的纹样简单，器型铸造、打磨显得粗糙。

与前期相比，开始出现铭文，出土地点、铭文数量较多。出土带铭文器的20多个地点共30多种铭文，字数不多，一般1～5字。包括不少动物、符号铭文，多为族徽。主要有大辛庄和兖州李宫出土的"索"，青州苏埠屯出土的"亚醜""融"，寿光益都侯城出土的"己""㥔"，滕州前掌大墓葬、邹城南关、兰陵密家岭出土的"史"，长清小屯、胶州西菴、费县朱田出土的"举"，长清小屯、兰陵东高尧、济南刘家庄出土的"戈"，济南大辛庄、邹城南关、兖州嵫山出土的"子"，济南刘家庄出土的"𤔲"等，桓台史家出土的"祖戊"等铭文青铜器，另外在胶州西菴、昌邑上河头村、惠民兰家、章丘东涧溪、邹城小西苇、滕州种寨、平邑洼子地等都出土带铭文或符号的青铜器。

（3）商代前期青铜器多数属早商晚段，个别属中商时期。出土地点主要集中在两个大的区域，一是济水中下游沿线并向鲁北分布，一是分布在鲁南地区。体现出了商王室向东扩展的路线与据点，早商时期迅速推进，中商时期已经征伐至鲁北的桓台、青州，个别达到潍水以东的莱西市，鲁东南地区到达沭河以东的莒南县。

（4）商代晚期山东地区的青铜器与中原商文化系统保持一致性，少部分显示出特性，是否能够说明个别方国能够铸造青铜器，还需要考古发现证明。殷墟四期青铜器数量最多、规格最高，在青州苏埠屯、沂源东安、长清小屯、济南刘家庄各出土一组3件铙和弓形器，滕州前掌大众多铭文青铜器出土；能够反映成为方国级别的有苏埠屯、前掌大、大辛庄、益都侯城；很多地点反映了商王室东征的据点，如长清小屯、济南刘家庄、惠民大郭、惠民兰家、桓台史家、坊子区院上、费县朱田等出土重要青铜器；有些或与殷遗民相关，如兖州、邹城一带；兰陵东高尧、新泰府前街、胶州西菴等出土较多商末青铜器（个别地点与西周早期青铜器共存）；众多铭文青铜器的出土，反映了商王室派出多支系、大量贵族东征东夷，逐渐成为东土的重要成员，也是周代东方主要对峙力量的根源。

在一些博物馆中保存相当数量的商代青铜器的传世品，例如青岛市博物馆和济南市博物馆，其中不乏精品，为研究商代青铜器提供更丰富的资料。现收藏于山东博物馆的射妇桑铜鉴，原为山东黄县丁干圃旧藏，长方体，带双附耳，器身满饰纹饰，腹内壁铸有"射妇桑"。此件器物不仅形制奇特，制作精致，铭文也少见。济南市博物馆的亚醜罍，青州苏埠屯出土，是在废旧物资仓库中拣选而出，通高达42厘米，为带盖的圆罍，器盖和口内均有"亚醜"铭文，器型厚重，器身满饰纹饰，繁缛而精细。此两件器物均为商代晚期青铜重器，甚至填补了出土青铜器的空白，丰富了青铜器的研究资料，也为商代历史的研究提供了重要的研究资料。

五

西周青铜器的发展

西周时期山东地区古国较多，周王朝分封异姓功臣姜太公于齐国，分封鲁、曹、滕、郕等姬姓国于鲁中南、鲁西南地区，又分封归顺的奄、莱、莒、薛、邿、纪等国，许多古国因青铜器铭文的出土得以证明其地望等历史信息。西周早中期青铜器出土地点主要有临淄河崖头[①]、临淄东古城[②]、高青陈庄[③]、济阳刘台子[④]、龙口归城[⑤]、招远东曲城[⑥]、龙口韩栾村、新泰府前街[⑦]、曲阜荀家村[⑧]、滕州前掌大[⑨]、滕州庄里西[⑩]、邹平东安[⑪]等10余处，器类主要有鼎（圆鼎、分裆鼎、方鼎、扁足鼎），甗（圆体、方体），鬲，爵，簋（方座簋、圈足及其附高足簋），卣、罍，觥，尊，觯，盉等；纹样有兽面纹、象鼻纹、长尾凤鸟纹、涡纹、乳丁纹等，素面与凸弦纹占一定比例；在临淄、高青、招远出土"齐"青铜器，滕州庄里西出土"滕侯鼎"，济阳刘台子出土"奄"青铜器，龙口归城出土"启尊""启卣""辛簋""痶监鼎""芮公叔簋"等。

西周晚期青铜器出土地点30余处，重要的有曲阜鲁国故城[⑫]、长清仙人台[⑬]、泰安龙门口、

---

① 临淄区文物局、临淄区齐故城遗址博物馆：《临淄齐国故城河崖头村西周墓》，《海岱考古（第六辑）》，科学出版社，2013年。

② 齐国故城遗址博物馆、临淄区文物管理所：《山东临淄齐国故城西周墓》，《考古》1988年1期。

③ 山东省文物考古研究所：《山东高青县陈庄西周遗址》，《考古》2010年8期；山东省文物考古研究所：《山东高青陈庄西周遗存发掘简报》，《考古》2011年2期。

④ 德州行署文化局文物组、济阳县图书馆：《山东济阳刘台子西周早期墓发掘简报》，《文物》1981年9期；德州地区文化局文物组、济阳县图书馆：《山东济阳刘台子西周墓地第二次发掘》，《文物》1985年12期；山东省文物考古研究所：《山东济阳刘台子西周六号墓清理报告》，《文物》1996年12期。

⑤ 李步青、林仙庭：《山东省龙口市出土西周铜鼎》，《文物》1991年5期；马志敏：《山东省龙口市出土西周铜簋》，《文物》2004年8期；李步青、林仙庭：《山东黄县出土一件青铜甗》，《考古》1989年3期；王锡平、唐禄庭：《山东黄县庄头西周墓清理简报》，《文物》1986年8期；唐禄庭、姜国钧：《山东黄县东营周家村西周残墓清理简报》，《海岱考古（第一辑）》，山东大学出版社，1989年。

⑥ 李步青、林仙庭、杨文玉：《山东招远出土西周青铜器》，《考古》1994年4期。

⑦ 魏国：《山东新泰出土商周青铜器》，《文物》1992年3期。

⑧ 李伯谦主编：《中国出土青铜器全集5（山东卷）》，科学出版社，2018年。

⑨ 中国社会科学院考古研究所编著：《前掌大墓地》，文物出版社，2005年；滕州市博物馆：《滕州前掌大村南墓地发掘报告（1998～2001）》，《海岱考古（第三辑）》，科学出版社，2010年；滕州市博物馆：《山东滕州市前掌大遗址新发现的西周墓》，《文物》2015年4期。

⑩ 滕县博物馆：《山东滕县发现滕侯铜器墓》，《考古》1984年4期。

⑪ 文物现存山东省文物考古研究院。

⑫ 山东省文物考古研究所等：《曲阜鲁国故城》，齐鲁书社，1982年。

⑬ 山东大学考古系：《山东长清县仙人台周代墓地》，《考古》1998年9期。

滕州庄里西、莒县西大庄[①]、日照崮河崖[②]、临朐泉头村[③]、安丘东古庙[④]、沂源西鱼台（姑子坪）[⑤]、招远东曲城，在胶东半岛的长岛、栖霞、莱阳等地均有青铜器出土。器类更加丰富、器型更为多样，有鼎、鬲、甗、簋、盨、簠、豆、壶、罍、方彝、鈚、杯、斗（瓒）、盘、匜、铷、俎、钺、刀、斝等；与西周早中期相比，有些器类消失，许多新的器类出现，器物组合发生了变化，鼎、壶、罍的种类多样，盛食器簋、盨、簠替换演变明显，鲁中南与鲁南地区出土较多，酒器种类形制多样化，龙门口出土豆、俎，西鱼台出土方彝形器都是山东仅见，鈚、铷开始出现，瓠壶、折线纹壶、双錾附耳圈足罍都是地方特点，杯、豆出土数量极少。重环纹、波带纹、垂鳞纹、瓦纹属常见纹样，顾龙纹、窃曲纹、凸弦纹数量较多，足根常饰扉棱及兽面纹，有一定数量的双首龙纹、龙纹一体纹样，少量的盘足、耳及盘内装饰兽类或禽类动物。鼎、鬲、甗、簋、盨、簠、盘、匜、钺等许多器物上铸有铭文，陈庄、泉头 M 乙、西大庄出土齐国铭文，鲁故城乙组墓出土鲁国铭文，前河前出土纪国铭文，归城、崮河崖出土莱国铭文，仙人台出土寺国铭文，泉头出土郭国和曾国铭文（此处曾应是湖北姬姓曾国的鼎），龙门口出土铸国铭文、邹城出土费国铭文有待进一步考释研究，滕器铭文常见，其中鲁国卿大夫滕器较多。

西周早期青铜器的种类、器型、纹样基本延续了商代末期的特点，与京畿地区保持一致，府前街、前掌大、庄里西为西周早期，河崖头、陈庄、归城、东曲城、刘台子为早期偏晚阶段；中期地点较少，有陈庄、刘台子、庄里西等，青铜器也发生较多变化，如鼎、簋的腹部略垂，素面与凸弦纹较多；从青铜器出土地点、铭文等分析，周王室采取分封、辅佐、招顺等措施控制东方，在鲁北地区以分封齐国于临淄一带为中心，在齐西部不远的陈庄派有王师、西部招顺刘台子"夆"，在东部以归城为中心派启、辛、疧等贵族辅佐与镇抚胶东半岛；在鲁中南、鲁南地区以前掌大、庄里西"滕国"为中心，包括曲阜、邹城、新泰等地出土铭文青铜器，表明对这一区域的控制（应以分封鲁国为中心，遗憾的是目前尚未出土鲁铭文青铜器）。

西周晚期青铜器出土数量多，分布范围广，基本形成了以临淄为中心的齐国、以曲阜为中心的鲁国、胶东半岛、鲁东南地区等四个中心的青铜器分布格局；后两者体现出了东土青铜器的独特风格，西周晚期东土青铜器群开始形成，齐、郭国青铜器亦包含诸多东土青铜器因素，新的器类、形制、纹样等风格对春秋时期青铜器群产生诸多影响，是两周青铜器的传承与转变阶段，也是鲁北地区齐文化、鲁中南地区鲁文化、鲁东南地区莒文化的重要内涵；各诸侯国开始闪亮登场，一些东夷古国复苏，还可见以滕器或赠赗等方式流转到山东的其他古国青铜器，对研究山东地区古国史、齐鲁文化形成具有重要价值。

① 莒县博物馆：《山东莒县西大庄西周墓葬》，《考古》1999年7期。
② 杨深富：《山东日照崮河崖出土一批青铜器》，《考古》1984年7期。
③ 临朐县文化馆、潍坊地区文物管理委员会：《山东临朐发现齐、郭、曾诸国铜器》，《文物》1983年12期。
④ 安丘市博物馆：《山东安丘柘山镇东古庙村春秋墓》，《文物》2012年7期。
⑤ 山东大学考古系等：《山东沂源县姑子坪周代墓葬》，《考古》2003年1期。

西周晚期开始，山东地区开始出现的一些与中原传统周式铜器差距较大的器型，例如素面鬲、提链小罐、体瘦高的壶等，体现的是在长期的中原强势文化影响下、当时中原影响力渐弱的社会大环境下，在礼制方面自身特色的觉醒，这种现象到春秋时期更为明显。

东周青铜器地域风格的形成

东周时期山东地区古国遗存最丰富，出土地点最多、分布范围最广，体现的文化交流融合因素最多。西周末期开始发展至春秋早期，本土青铜器风格业已形成[①]，春秋时期青铜器风格多样化和本土化并举，是齐鲁地域文化形成的核心内容和基础。

1. 春秋时期

这一时期青铜器出土地点多达 60 余处，重要的有长清仙人台[②]、泰安城前村[③]、肥城小王庄[④]、新泰周家庄[⑤]、滕州薛国故城[⑥]、枣庄山亭区东江墓地[⑦]、潍坊临朐杨善[⑧]、临沂凤凰岭[⑨]、临沂中洽沟[⑩]、沂水纪王崮[⑪]、沂水刘家店子[⑫]、沂源姑子坪[⑬]、莒南大店[⑭]、莒县天井汪、莒县

① 刘延常、徐倩倩：《西周晚期至春秋早期山东地区东土青铜器群的转变与传承》，《青铜器与金文（第一辑）》，上海古籍出版社，2017年。
② 山东大学考古系：《山东长清县仙人台周代墓地》，《考古》1998年9期。
③ 程继林、吕继祥：《泰安城前村出土鲁侯铭文铜器》，《文物》1986年4期。
④ 齐文涛：《概述近年来山东出土的商周青铜器》，《文物》1972年5期。
⑤ 山东省文物考古研究所等：《新泰周家庄东周墓地》，文物出版社，2014年。
⑥ 山东省济宁市文物管理局：《薛国故城勘查和墓葬发掘报告》，《考古学报》1991年4期。
⑦ 枣庄市博物馆、枣庄市文物管理办公室：《枣庄市东江周代墓葬发掘报告》，《海岱考古（第四辑）》，科学出版社，2011年。
⑧ 齐文涛：《概述近年来山东出土的商周青铜器》，《文物》1972年5期。
⑨ 山东省兖石铁路文物考古工作队：《临沂凤凰岭东周墓》，齐鲁书社，1988年。
⑩ 临沂市博物馆：《山东临沂中洽沟发现三座周墓》，《考古》1987年8期。
⑪ 山东省文物考古研究所等：《山东沂水县纪王崮春秋墓》，《考古》2013年7期；山东省文物考古研究所等：《沂水纪王崮春秋墓出土文物集萃》，文物出版社，2016年。
⑫ 山东省文物考古研究所等：《山东沂水刘家店子春秋墓发掘简报》，《文物》1984年9期。
⑬ 山东大学考古系等所：《山东沂源县姑子坪周代墓葬》，《考古》2003年1期。
⑭ 山东省博物馆等：《莒南大店春秋时期莒国殉人墓》，《考古学报》1978年3期。

老营村、莒县于家沟 ①、海阳嘴子前 ②、蓬莱村里辛旺集 ③、烟台上夼 ④、曲阜老农业局 ⑤、滕州大韩 ⑥、临淄刘家新村 ⑦、临淄西孙墓地 ⑧ 等。器类主要有鼎、甗、鬲、簋、盨、簠、敦、铺、盂、盆、豆、铏、壶、罍、鉇、鉴、盘、匜、盉、瓶、提链小罐、方奁、镈钟、甬钟、纽钟、錞于、铎、铃、剑、戈、矛、镞、殳、戟等，鼎包括镬鼎、升鼎、汤鼎，形制富于变化；还有重环纹、窃曲纹、素面之差异，纹饰变化多端。东江和仙人台出土匜形鼎，日照崮河崖墓地、滕州薛国故城出土一件方鼎，均是少见的器型。鬲也包括多种形制，如有扉棱的莱伯鬲，扉棱带牙的齐、鲁、邾等国的鬲，鼓肩、凹弧裆的莒式鬲。簋包括圈足附足簋、豆式簋（仅见于胶东地区）。盨已经少见，簠在鲁中南、鲁东南地区多见。齐文化常见盆形敦，莒文化常见盒形敦，铺多见于鲁南地区。壶的种类较多，圆壶就有环耳壶、环耳衔环壶、直领壶、贯耳壶等，还有方壶、瓠形壶。罍的数量与种类较多，如球形腹罍、双耳短颈鼓腹罍、双錾圈足罍、直口溜肩鼓腹罍等。出土鉇的地点增加。鉴主要出土于鲁东南地区和胶东半岛，投壶亦是少见的器物类型。铏是常见器类，出土数量较多。盘有附耳盘、环足盘、人形三足盘。匜有鼎形匜、槽流匜、兽首封口流形匜、环足匜等。提链小罐、方奁、小盒等比较有特点，数量多，型式变化灵活，应是化妆、美容类容器或弄器。莒文化区青铜器多鼎、鬲搭配，升鼎多形制、大小、纹样一致。仙人台墓葬存在列鼎和成对组合的鼎，东江墓葬见分葬成组的鼎。春秋时期更是兵器大为发展的时期，兵器的数量多、种类也多、制作工艺也较高，体现了时代特色。临沂凤凰岭、薛故城墓葬出土凤首斤，薛故城出土书写工具等有地方特点。

春秋早期多种多样和夸张的窃曲纹、变形龙纹、龙凤纹及波折填线纹是山东地区的特点，仍可见重环纹、垂鳞纹、波带纹、瓦纹等，部分鼎耳饰点线纹，足根依然常见饰兽面纹，少量涡纹、乳丁纹、蛇纹。春秋晚期常见蟠螭纹、蟠虺纹、云雷勾连纹、交龙纹等，铺的器盖花瓣捉手、圈足镂空成为一种重要的纹样；枣庄徐楼出土铸镶红铜青铜器，素面与凸弦纹依然占一定比例。

带铭文的青铜器数量增多，且字数较多，形成较为固定的行文格式。从铭文识别出本土的齐、鲁、莒、邾、莱、鄑、祝、小邾、滕、薛、鄫、曾（妫姓）、杞等国，反映周边古国和其他古国媵器、赗赙、战利品、赠品或贸易品的铭文青铜有陈、黄、江、宋、徐、曾、吴、樊国 ⑨ 等，东江墓地出土较多的铭文并显示出包括多个古国。从春秋中期开始齐国金文形成工整的细笔、排列整

① 苏兆庆、夏兆礼、刘云涛：《莒县文物志》，齐鲁书社，1993年。
② 烟台市博物馆、海阳市博物馆：《海阳嘴子前》，齐鲁书社，2002年。
③ 山东省烟台地区文管组：《山东蓬莱县西周墓发掘简报》，《文物资料丛刊（3）》，文物出版社，1980年；烟台市文物管理委员会：《山东蓬莱县柳各庄墓群发掘简报》，《考古》1990年9期；林仙庭、闫勇：《山东蓬莱市站马张家战国墓》，《考古》2004年12期。
④ 李步青：《山东莱阳县出土己国铜器》，《文物》1983年12期。
⑤ 文物现存山东省文物考古研究院。
⑥ 山东省文物考古研究院：《山东滕州市大韩东周墓地第一次发掘简报》，《考古》2021年2期。
⑦ 临淄区文物局：《山东淄博市临淄区刘家新村春秋墓》，《考古》2013年5期。
⑧ 山东省文物考古研究院、临淄区文物考古研究所：《淄博市临淄区西孙墓地2022年度考古发掘简报》，《海岱考古》2003年1期。
⑨ 王仕安、刘建忠、李凯：《山东日照首次发现春秋时期樊国铭文青铜器》，《中原文物》2012年4期。

齐的特点，春秋晚期出现刻铭文器物。

春秋时期青铜器的繁荣、发现与研究，极大地促进了山东地区古国、齐鲁文化和周边古文化交流融合的深化研究。青铜器的发现体现出以齐国的向东、向西、向西南、向东南地区扩张为主，形成了齐文化青铜器群；体现以鲁国为核心发展，以及在周边古国及其附庸国的发展；体现出以胶东半岛地区为代表的东土青铜器的特点，莒文化青铜器群的发现是东土青铜器群的重要组成部分，也是重要的学术收获；体现出以滕、薛、邾、小邾等国为代表的泗上十二诸侯国区域融合发展的特点；体现出莒文化区和鲁南地区与吴国、江淮地区及淮河中上游地区古国往来密切；新泰周家庄、沂水略疃、邹城与平度等地点出土多戈戟、菱形纹剑、矛、双色剑和夫差剑等吴国兵器，是近年的重要考古发现。

2. 战国时期

这一时期出土青铜器地点40余处，重要的有长清岗辛村①，滕州薛故城②，新泰周家庄③，泰安市东更道村④，临淄辛店二号墓⑤、商王墓地⑥、国家村⑦、行政办公中心、相家庄墓地⑧、齐都镇郎家庄⑨，诸城臧家庄⑩，临淄西孙祭祀坑⑪，章丘小峨嵋山⑫等。器类有鼎（深腹平盖素面鼎流行、盖上有矩尺形纽，还出现一种矮足的鬲式鼎），敦（深腹三小蹄足敦、球形腹环足敦、乳丁纹三小蹄足敦），铺（乳丁纹三小蹄足铺、圆角长方形铺），豆，壶（提链壶、高柄圈足壶、直领鼓腹镶嵌红铜壶、鹰首壶），罍，缶，盉，杯，耳杯，汲酒器，套餐具，盘，匜，镈钟，纽钟，戈，剑，矛，殳，镞，灯，量，炉，带钩，镜，印章，刀币，蚁鼻钱等，比较有特色的器型有鹰首匜、鹰首壶、牺尊、鸭形尊、灯、炉、投壶等。铜套餐具在临淄勇士区等3个地点出土，牺尊、汲酒器出土于临淄商王庄，鸭形尊出土于临淄相家庄。生活用器种类、数量大增；鼎的种类与数量减少，其他礼器和乐器种类、数量也大大减少，且多非实用器，部分器物常见范土；

① 山东省博物馆等：《山东长清岗辛战国墓》，《考古》1980年4期。
② 山东省济宁市文物管理局：《薛国故城勘查和墓葬发掘报告》，《考古学报》1991年4期。
③ 山东省文物考古研究所等：《新泰周家庄东周墓地》，文物出版社，2014年。
④ 杨子范：《山东太安发现的战国铜器》，《文物参考资料》1956年6期。
⑤ 临淄区文物局：《山东淄博市临淄区辛店二号战国墓》，《考古》2013年1期。
⑥ 淄博市博物馆等编：《临淄商王墓地》，齐鲁书社，1997年。
⑦ 淄博市临淄区文物局：《山东淄博市临淄区国家村战国墓》，《考古》2007年8期；山东淄博市临淄区文物局：《山东淄博市临淄区国家村战国及汉代墓葬》，《考古》2010年11期。
⑧ 山东省文物考古研究所：《临淄齐墓（第一集）》，文物出版社，2007年。
⑨ 山东省博物馆：《临淄郎家庄一号东周殉人墓》，《考古学报》1977年1期。
⑩ 山东诸城县博物馆：《山东诸城臧家庄与葛布口村战国墓》，《文物》1987年12期。
⑪ 山东省文物考古研究院、临淄区文物考古研究所：《淄博市临淄区西孙墓地2022年度考古发掘简报》，《海岱考古》2023年1期。
⑫ 宁荫棠、王方：《山东章丘小峨嵋山发现东周窖藏铜器》，《考古与文物》1996年1期。

兵器数量大增，种类、组合多样，晚期出现一些明器，临淄出现青铜与铁复合的剑、戈；器耳、足、纽、柄等流行焊接技术。

器物多见耳、纽、环、提链等装饰，简洁成为器物装饰的风格，流行凸棱纹和素面，多见几何纹、云纹，有一定数量的乳丁纹，镶嵌绿松石、错金银、铸镶红铜、刻纹等装饰工艺得到大的发展。铭文多见后刻，为媵器和赠赙用器，兵器常见物勒工名方式铸造或刻有铭文，铭文所见古国有齐（"陈"字下有"土"）、越、宋、燕、赵、韩、楚等。

以田氏齐国青铜器数量最多，形成了自己的风格，如以素面为主的鼎（如国子鼎）、盖豆、豆、钟、敦、盘、鹰首壶、鹰首匜等，新出现耳杯、灯、镜、炉、刀币、量器等器类。泗上十二诸侯国青铜器既有土著因素，又有楚系和江淮风格。战国早中期多见铸有鸟篆文的越国青铜剑、戈等；战国晚期多见楚国的青铜器鼎、罍、缶、盂、蚁鼻钱等，燕国的燕职王剑，胡部带子刺的戈、尖首小刀币等，以及韩国、赵国兵器与钱币，临淄辛店地区出土宋国、赵国、燕国青铜鼎，秦国蒜头壶等。出土青铜器的分布情况表明了齐国的强势扩张，鲁国的萎缩，邾、小邾、滕、薛等泗上十二诸侯国的顽强生存，周边古国与山东地区古国的多种交流方式（如越国北上争霸、燕国伐齐、楚国灭鲁等，战国晚期临淄辛店一带出土多个古国的青铜器或与稷下学宫相关），体现了齐鲁地域文化的形成过程与文化融合大势。

战国时期在齐地出现一些专门的祭祀坑，例如临淄西孙、齐都西古城村及稷下街道东孙村[①]、章丘小峨嵋山、潍坊滨海技术开发区大家洼街道[②]、济南历城区鲍山街道梁二村[③]等，有一些相关遗迹出土句鑃、圭形器、璧形器等，与玉璧、玉玦等同出，一般出土数量较多，多器体轻薄，素面，有的句鑃腔内还残留范土。学界一般多认为是与祭祀有关，但是对于这类遗迹的性质、祭祀对象等目前还没有明确的认识，也无法解释为何句鑃这种吴越地区常见的器类会在齐地用于祭祀。

战国时期齐国的铜镜特别发达，数量多，种类广，还发现了铸镜作坊[④]。特别是出现了透雕、彩绘等多种精美的装饰式样，鉴于篇幅，本书只呈现了少量彩绘铜镜。

七

汉代青铜器的转变

青铜时代结束，进入汉代帝国时期，实行郡国并行和地域官僚统治体系，《史记》《汉书》

---

① 郎剑锋、王鹏举：《齐文化博物馆藏青铜句鑃》，《文物》2019年10期。
② 郎剑锋、赵守祥：《山东新见青铜句鑃初识》，《东南文化》2016年5期。
③ 房振等：《济南历城发现战国大型墓葬和周代木构水井》，《中国文物报》2017年7月14日第8版。
④ 中国社会科学院考古研究所等编著、白云翔等主编：《鉴出齐都：山东临淄汉代铜镜与镜范的考古学研究》，科学出版社，2024年。

《后汉书》等文献记载历史比较清楚。青铜器发生重大转变，出土数量、种类大大减少，组合、功能均发生了变化，逐渐向生活用器转变，青铜货币更是成为社会流通器类。重要的出土地点有巨野金山店子村红土山汉墓[①]、章丘平陵城、章丘洛庄汉墓[②]、长清双乳山汉墓[③]、曲阜九龙山汉墓[④]、临淄齐王墓随葬坑[⑤]、兰陵柞城故城[⑥]、平度市六曲山墓群[⑦]、即墨故城、诸城前凉台[⑧]等。器类主要有鼎、鍪、壶、钫、扁壶、鐎壶、鋗镂、鐎斗、樽、盘、匜、洗、勺、量器、錞于、甬钟、纽钟、熏炉、镜、带钩、灯、镇、印章、骰子、镇墓兽、钱币、臼杵、车马具、戈、戟等，新出现许多器类，生活化的铜器得到极大发展。纹样较少，多为素面或仅有弦纹装饰，铺首衔环、柿蒂纹流行，高等级墓葬中出现的铜器多有鎏金或者镶嵌金银、宝石、玛瑙等。铭文除印章外，多刻于器物外表，内容多为物勒工名和标注重量、尺寸。彩绘可能成为此时青铜器的一种装饰，但是保存状况不佳，山东汉代的彩绘铜器目前仅见兖州漕河镇后楼村采集的一例。

从铭文和文献记载证明，山东地区汉代主要有巨野的昌邑国、章丘的济南国、长清的济北国、临淄的齐国、曲阜的鲁国、平度的胶东国，这些西汉王墓出土青铜礼乐器、车马器较多，铸造精美。西汉前期还延续了战国时期一些器类，如鼎、壶、盘、匜、錞于、编钟、量器等，新出现钫、鐎壶等，刀币等原有货币消失，代之以方孔圆钱为主。西汉晚期以后新器类逐渐出现，如洗，青铜兵器越来越少，流行灯、熏炉、席镇、钱币等；小型墓葬出土较多的铜钱、镜、带钩等，大量熏炉的出土，个别臼杵的出土，说明山东地区黄老学说、道教流传很广。

---

① 山东省菏泽地区汉墓发掘小组：《巨野红土山西汉墓》，《考古学报》1983年4期。
② 济南市考古研究所等：《山东章丘市洛庄汉墓陪葬坑的清理》，《考古》2004年8期。
③ 山东大学考古系等：《山东长清县双乳山一号汉墓发掘简报》，《考古》1997年3期。
④ 山东省博物馆：《曲阜九龙山汉墓发掘简报》，《文物》1972年5期。
⑤ 山东省淄博市博物馆：《西汉齐王墓随葬器物坑》，《考古学报》1985年2期。
⑥ 刘心健、刘自强：《山东苍山柞城遗址出土东汉铜器》，《文物》1983年10期。
⑦ 青岛市文物保护考古研究所等：《平度六曲山墓群2011～2014年度调查勘探报告》，《青岛考古（二）》，科学出版社，2015年。
⑧ 诸城县博物馆、任日新：《山东诸城汉墓画像石》，《文物》1981年10期。

目　录

环 | 岳石文化
1979年泗水县尹家城遗址出土（T216⑦：27）
现藏山东大学博物馆
长径7.4、短径6.6、厚0.1、环体宽0.4厘米，重6.4克

韭菜叶状铜条弯成，接头处略宽，圆环未封闭。

刀 | 岳石文化
1986年泗水县尹家城遗址出土（T221⑦：21）
现藏山东大学博物馆
残长7.9、宽2、厚0.2厘米，重9.1克

器体扁薄，长尖微上翘，一侧有斜长刃。

刀 | 岳石文化
1960年潍坊市姚官庄遗址出土
现藏山东省文物考古研究院
通长8.5、最宽处1.6、最厚0.3厘米

　　片状，平面略呈圆角的三角形，两端略翘起。
刀背斜直、略厚，单面刃。一端有残缺。

鼎 | 商
馆藏
现藏济南市博物馆
通高25、口径15.5厘米

方唇，宽折沿，深腹略下垂，圜底，三中空矮锥足，双立耳微外撇。口下饰三周弦纹，腹饰三组双人字形弦纹。其器形系袋足鬲的变形，较少见。

鼎｜商

2010年济南市大辛庄遗址出土（M139：1）

现藏山东大学博物馆

通高57、腹径39厘米

　　方唇，宽折沿，深腹微鼓，圜底，三足空心呈锥形，双立耳。腹部饰一周三组兽面纹。每组兽面纹圆目凸出，长身尾上翘，周身卷云纹填充。每组兽面纹两侧各有一只卷云纹包围的圆目填充纹饰空隙。足上部亦饰浮雕兽面纹，扉棱为鼻，圆眼凸出，浮雕双角夸张，线条云纹点缀。器身、底可见清晰的范线痕迹，器腹可见大块的补铸痕迹。

鬲 | 商

1984年滕县（现滕州市）大康留村出土

现藏滕州市博物馆

通高22.1、口径15.9厘米

　　方唇，侈口，束颈，鼓腹分裆，三尖锥空足，立耳。颈部有三道凸棱装饰。底部有大块的补铸痕迹。

鬲 | 商
1992年滕州市南井口村征集
现藏滕州市博物馆
通高16.5、口径13.1厘米

　　圆唇，侈口，束颈，分裆鼓腹，三尖锥空足，立耳。颈部饰一周三组兽面纹，腹部饰双人字形弦纹。

爵 商

1980年长清县（现济南市长清区）归德
公社前平大队出土
现藏济南市博物馆
通高15.1、通长14.9、口宽6厘米

　　器体稍显轻薄。长流、短尖尾，柱缺
失，束腰，腹微鼓，平底，三棱锥状实
足，带状鋬。腹饰兽面纹。兽面纹有短扉
棱，圆目凸出，角、爪、身均以卷云纹、
云雷纹表现。纹饰带上、下各有一周细
阳纹。

爵 商

滕州市大康留村出土

现藏滕州市博物馆

通高16、通长13.2、腹径6.9厘米

窄短流，三角短尾，敞口，高颈，颈、腹分段明显，腹部鼓出，平底，三棱形锥状细足外撇。颈腹部一侧有半环形鋬，口沿上有双柱，圆饼状帽。颈饰三周凸弦纹。

爵 | 商
滕州市轩辕庄村出土
现藏滕州市博物馆
通高16、通长13.2、腹径6.9厘米

窄短流，短尾，束颈，颈、腹分段明
显，腹部鼓出，平底，三棱形锥状足外
撇。颈、腹部一侧有半环形鋬，菌状柱，
圆饼状帽。颈饰三周凸弦纹。

爵 ┃ 商

1959年莒南县虎园水库出土

现藏莒南县博物馆

通高13.5、口径6厘米

　　长流，短尖尾，深腹微鼓，圜底，下置三棱细长足外撇，腹部有素条鋬。口有双柱，圆形帽。腹部饰三周弦纹。器物轻薄，器形稍不规整，口沿略残。同出还有一件铜觚，保存较差。

爵　商

2010年济南市大辛庄遗址出土（M139：14）

现藏山东大学博物馆

通高14.5、最大宽13厘米

　　窄长流，短尖尾，束颈，鼓腹，圜底，三棱形锥状实足，宽带状鋬。菌状顶立柱，顶饰圆涡纹。流及其颈部有成组兽面纹。腹部主体为兽面纹，上、下以联珠纹为界。

12

爵 │ 商

2003年济南市大辛庄遗址出土（M106：8）

现藏山东大学博物馆

通高15.6厘米

　　扁圆口，窄流，短尾，流略高于尾。束颈，鼓腹，圜底，三棱尖锥状足，条形鋬。单菌状柱，立于流折处，柱面饰涡纹。颈饰一周云雷纹带。

爵 | 商

滕州市吕楼村出土

现藏滕州市博物馆

通高12.9、通长12.7、腹径5.5厘米

短流，三角短尾，高颈，颈、腹分段明显，圆鼓腹，圜底，三棱形锥状足外撇。颈、腹部一侧有半环形鋬，菌状柱。器身素面。

觚 | 商

1984年滕县（现滕州市）大康留村出土

现藏滕州市博物馆

高12.2、口径10.2、底径7.2厘米

矮体。大敞口，束腰，平底，喇叭状高圈足。腹部一周简化兽面纹带，上、下均饰联珠纹带，圈足上有三个十字孔及三周凸形弦纹。

觚 商

滕州市前掌大村征集

现藏滕州市博物馆

高15.6、口径10.7、底径7.5厘米

　　喇叭形敞口，束腰，平底，喇叭状高
圈足。腰饰一周兽面纹，圈足上有三个十
字镂孔。

觚

商

馆藏

现藏滕州市博物馆

高15、口径10.3、底径7.3厘米

　　喇叭口，束腰，平底，矮圈足外撇。腹饰
一周兽面纹，腹上饰一周、下饰三周凸弦纹，
间饰两个十字形镂孔。

觚 商
1974年益都县（现青州市）东荒村出土
现藏青州市博物馆
高21.5厘米

敞口，束腰，喇叭形底座。束腰、圈
足处有简化兽面纹，仅圆目凸出，其余部
位以云雷纹表示，以扉棱为鼻。两周兽面
纹之间有十字形镂孔。

觚 | 商

1980年桓台县田庄公社史家大队西南崖头出土

现藏济南市博物馆

高22.5、口径14.1、底径8.7厘米

　　方唇，喇叭形口，粗柄，有一周凸箍，喇叭状矮圈足。凸箍饰兽面纹，圆目凸出，其余部位用卷云纹表示。兽面纹上下夹以联珠纹和凸弦纹。圈足内壁铸铭文"戍真舞畴作祖戊彝"三行八字。

觚 | 商

1971年邹县（现邹城市）南关化肥厂出土

现藏邹城市文物保护中心（邹城博物馆）

高21.8、口径13.6、底径8.5厘米

喇叭口，粗柄，圈足，柄中部为一凸箍。凸箍上饰兽面纹，椭圆目凸出，中有凹槽，身体躯干用云雷纹表示。兽面纹上下均有联珠纹带和凸棱。圈足内有铭文一字，初识为"子"。

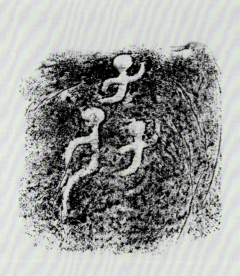

觚 | 商
1997年桓台县史家遗址出土
现藏桓台博物馆
高14.1、口径11.3、底径8.2厘米

大敞口，粗柄，喇叭形圈足较矮。上腹部饰两道弦纹，柄部凸箍、圈足饰兽面纹。兽面纹均是仅圆目凸出，用云雷纹勾勒出其他部位。圈足内铭"父癸"二字。

罍 | 商
2010年济南市大辛庄遗址出土（M139：13）
现藏山东大学博物馆
通高20、最大宽21厘米

方唇，侈口，高束颈，圆鼓腹，圜底，尖锥状足，条形鋬。口沿立两柱，菌形纽，柱面饰涡纹。颈部有三道凸棱装饰，腹上部饰云雷纹带，腹中部有一条斜向云雷纹组成的纹饰带，两条纹饰带间以联珠纹。此件器物上的云雷纹较为少见，线条较粗，腹上部的纹饰为两组云雷纹相连、饰窃曲纹；腹中部的云雷纹呈斜向三角形分布。

斝 | 商

2003年济南市大辛庄遗址出土（M106：9）

现藏山东大学博物馆

通高21.2、口径13.6厘米

侈口，束颈，鼓腹，分裆，空尖锥足，条形鋬。足呈四棱形，棱线分明，足外撇。口沿立两柱，分别对应一足；柱体呈四棱形，柱上有菌形纽，纽上有乳头状凸起。颈部饰凸弦纹三周，柱面饰涡纹。鋬的内侧留有清楚的范线。

斝 商

1992年滕州市南井口村征集

现藏滕州市博物馆

通高23.6、口径14.5厘米

　　瘦高体。侈口，长颈内收，颈、腹分段明显，鼓腹，平底，下有三角形空锥足。伞状柱，柱面饰涡纹。颈下部及腹部饰两周兽面纹，每周兽面纹上、下饰两行联珠纹。

斝 | 商

1970年济南市大辛庄遗址出土

现藏济南市博物馆

通高23.1、口径17.5、底径13.5厘米

　　器体厚重，体阔偏矮。侈口，束颈，鼓腹，颈、腹分段，分界处呈台阶状，平底，三棱形锥状足，口沿立菌状双柱。颈、腹环饰两周兽面纹、圆目凸出。底部可见清晰范线。原带状鋬残缺，修复成型。两足足尖残缺。

斝 商

2003年济南市大辛庄遗址出土（M106：4）
现藏山东大学博物馆
通高23.4、口径15.5厘米

侈口，束颈，鼓腹，颈、腹分界明显，底微下垂。空尖锥足外撇，錾截面呈<形。口沿立两柱，分别对应一足；柱上有菌形纽，柱面饰涡纹。颈饰勾连云纹及联珠纹。底部可见垫片痕迹。

斝 商

馆藏

现藏滕州市博物馆

通高19.8、口径14.4厘米

侈口，长颈内收，颈、腹分段明显，鼓腹，平底，三T字形足外撇。菌状双柱，柱面饰涡纹。颈下部及腹部饰两周兽面纹，兽面纹均是仅圆目凸出，其余部位以卷云纹填充。腹部的兽面纹上、下饰两行联珠纹。

颈部

腹部

斝

商

馆藏

现藏滕州市博物馆

通高24、口径15.4、腹径11厘米

侈口，长颈内收，颈、腹分段明显，鼓腹，平底，三T字形足外撇。菌状柱，柱面饰涡纹。颈下部及腹部饰两周兽面纹，每周兽面纹上、下饰两行联珠纹。

斝 | 商

滕州市大康留村出土

现藏滕州市博物馆

通高28.4、口径14.2厘米

　　瘦高体。方唇，侈口，长颈内收，颈、腹分段明显，鼓腹，平底，下有三角形空锥足。伞状柱，柱面饰涡纹。颈部及腹部各饰一周兽面纹。兽面纹均是仅圆目凸出，其余部位以卷云纹填充，每周兽面纹上、下饰两行联珠纹。

尊 | 商

滕州市大康留村出土

现藏滕州市博物馆

高24.2、口径22、底径13厘米

　　方唇，大敞口，高束颈，肩甚宽、稍鼓，鼓腹，高圈足外撇。颈部偏下饰三周弦纹，肩部饰一周兽面纹，上、下饰两行联珠纹，由三个浮雕兽首分割为三组。腹部饰一周兽面纹。圈足饰三周弦纹，有三个十字镂孔。

壶 | 商

2010年济南市大辛庄遗址出土（M139：7）

现藏山东大学博物馆

通高29.4、器高24.5、口径7.6、腹径14.9、底径12.1厘米

　　子母口，长颈，深鼓腹下垂，圜底，圈足，带盖。盖顶隆起，内插口，上有桥形纽。肩部有一提梁，一端连接环状纽，以套环与盖上的桥形纽相连。提梁两端作兽首状，提梁表面饰多组菱形纹。卣颈部饰两周弦纹。下腹饰两组纹饰，上面一组较窄，系两周弦纹夹兽面纹，下面一组面积较大，以云雷纹为主体，并行两周均匀分布的乳丁，上、下以弦纹为界。圈足饰夔纹一周，上有四个镂孔。盖顶饰云雷纹及一对乳丁。

罍 | 商

2003年济南市大辛庄遗址出土（M106∶3）

现藏山东大学博物馆

高24.5、口径17.5厘米

　　方唇，斜折沿，高束颈，折肩，鼓腹，高圈足外撇。颈部饰凸弦纹三周，肩、腹饰兽面纹组成的纹带。肩部的兽面纹仅一个凸出的圆目，身躯为卷云纹。腹部兽面纹圆目凸出，竖凸棱为鼻，角、爪、身等部位，以云雷纹装饰。圈足饰凸弦纹两周、有三个等距离分布的镂孔。因棺椁塌陷，器物上部被挤压而变形。

罍、斗

商

2010年济南市大辛庄遗址出土

［M139∶3（罍）、M139∶10（斗）］

现藏山东大学博物馆

罍高25、最大径21.5厘米，

斗口径4.3、总长35.5、柄长30.5厘米

　　圆唇，微侈口，窄折沿，长颈，肩略鼓，深腹略鼓，底近平，圈足略外侈，器壁内近肩部铸有两个桥形鋬。颈部两周弦纹，肩部饰兽面肩带，其上均匀分布三个凸起的羊首。腹部饰一周三组双目凸出的兽面纹，三组兽面纹之间又饰三组倒置的双目较小的兽面纹。圈足上有三个等距的椭圆形镂孔。罍出土时内有一斗，因墓室塌陷斗柄折断为三段，柄首落于器外，后修复。斗敛口，鼓腹，小平底，扁平长柄。柄近中部有圆饼形装饰，上饰变形兽面纹，末端有龙首装饰。柄上的纹饰以圆饼为界，分为两部分，一侧装饰类似四瓣目纹，一侧为菱形方格纹。

盉 │ 商

2010年济南市大辛庄遗址出土（M139：4、M139：5）

现藏山东大学博物馆

同出2件，形制、大小相同

通高38、最大宽26厘米

　　封顶盉，顶盖圆鼓，口与流管之间有两个较大的乳丁，流管斜直，微束颈，扁带状鋬。顶盖饰多组纹饰，流管以兽面纹为主体，其上有一对乳丁。颈饰兽面纹条带。分裆，三袋足各饰一组兽面纹。鋬首作兽首状，鋬下有一垂耳。

盘 | 商

滕州市大康留村出土

现藏滕州市博物馆

高6.5、口径30.2、底径13.4厘米

　　方唇，平折沿，沿面内侧下凹，使沿面略呈台阶状，弧腹较浅，圜底近平，矮圈足，切地处折成高阶。腹饰两周凸弦纹。

钺 | 商
1976年益都县（现青州市）肖家庄村出土，赵继宗捐赠
现藏青州市博物馆
通高17厘米

弧形刃，平肩，上方正中伸出厚内，有一穿。钺身、内均有一穿孔。

钺 | 商
2010年济南市大辛庄遗址出土（M139：6）
现藏山东大学博物馆
高29.5、肩宽24.1、刃宽30.6厘米

　　弧刃，平肩，长方形内较窄短，肩部有对称的长方形穿，钺身中部有一圆形穿。通体素面。

钺 | 商

1980年泗水县高峪镇寺台遗址出土

现藏泗水县文物保护中心

总长16.1、宽8厘米

　　弧形刃，身内缩，平肩，肩部正中伸出厚内，上有一銎。钺身有凸弦纹装饰。

戈 | 商
1989年安丘县（现安丘市）老峒峪村出土
现藏安丘市博物馆
通长22.6、援长15.2、宽5.8厘米

　　宽体。弧首长援，上、下刃均较直。长方形内，尾端稍斜、略不平整。刃、内基本呈直线。内正、反两面均为横、竖线组成的栅栏状纹饰。刃部有残缺。

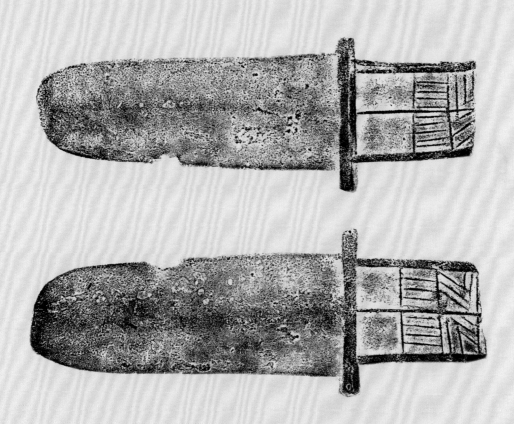

斧（钺）

商

2010年济南市大辛庄遗址出土（M139：15）

现藏山东大学博物馆

长24、身宽7.9厘米

通体呈长方形，一面平，一面鼓。顶有銎，刃残，刃角略外侈。顶部有一圆形穿孔。上半部正、反两面皆饰夔纹和兽面纹。

鼎 | 商

滕州市辛绪村出土

现藏滕州市博物馆

通高26、口径20.3厘米

厚方唇，口微敛，窄折沿，深腹，圜底，三柱足，两立耳微外撇。腹部饰一周兽面纹，仅圆目凸出，身及躯干用卷纹表示。器内壁有一铭文""。

鼎 | 商
2010年济南市大辛庄遗址出土（M275：14）
现藏济南市考古研究院
通高21、口径17.7、腹径17.9厘米

厚方唇，微敛口，斜折沿，深腹微鼓，圜底，三柱状实足，立耳微撇。口沿下饰一周三组兽面纹，每组纹饰均以相对的夔龙纹组成，间以扉棱，圆目凸出，龙长身，尾下卷，角外卷，纹饰云雷纹为地。腹底内侧有一符号◇。

鼎｜商

1983年寿光县（现寿光市）益都侯城城址出土

现藏寿光市博物馆

通高33.4、口径28厘米

厚方唇，略敛口，窄折沿、沿面略内倾，圆鼓腹，圜底，圆柱形足，足根稍粗，立耳微外撇。口沿下饰一周三组兽面纹。每组兽面纹由相对的两只夔龙纹组成，龙身长鼻，短身，尾上卷，有阴线装饰，扉棱为鼻，云雷纹为地。沿下腹内铸铭"己竝"，铭文位于两耳之间，与一足相对应。

鼎 | 商
济南市刘家庄遗址出土
现藏济南市博物馆
通高15.8、口径12.8厘米

尖唇，侈口，束颈，下腹外鼓，圜底，圆形柱足，两立耳。腹饰二周凸弦纹，饰三组简化兽面纹，仅表现圆目，扉棱为鼻。每组兽面与柱足相对应。

鼎 | 商
2010年济南市大辛庄遗址出土
现藏济南市考古研究院
通高18、口径14厘米

　　方唇，侈口，拱形立耳略外撇，束颈较长，深鼓腹，圜底，三柱状实足，足横截面呈半圆形。颈部饰三周凸弦纹。足外侧中部及其对应的腹壁上有清晰的范线。

鼎 | 商
2010年济南市大辛庄遗址出土（M225：7）
现藏济南市考古研究院
通高11.5、口径8.4、腹径8.8厘米

　　方唇，侈口，束颈，深鼓腹，圜底，三柱状足，立耳微撇。颈部饰一周三组兽面纹，每组兽面纹为相对夔纹组成，扉棱为鼻。龙圆目凸出，张口，长身，尾上翘，角、爪俱在。腹部饰九组蝉纹，均以云雷纹为地。口沿内侧有一族徽铭文"勬"。

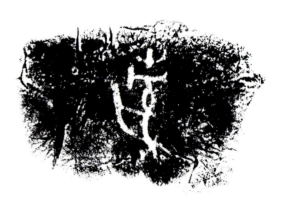

鼎 | 商
馆藏
现藏济南市博物馆
通高26.6、通宽20.2、口径19.3厘米

　　厚方唇，窄斜沿，深腹稍鼓，圜底，三柱足，两立耳微外撇。上腹部有一道凹槽，以凹槽为界腹部饰两周纹饰，均以云雷纹为地。上腹部纹饰为蛇纹、涡纹相间分布，蛇首硕大、圆目明显，长身，尾上翘，蛇身有圆点装饰；下腹部为相对夔龙纹组成的兽面纹，圆目凸出，扉棱为界。足饰倒三角纹。器内底铭文三字"明亚乙"。

鼎 | 商
1976年济南市刘家庄遗址出土
现藏济南市博物馆
通高24、口径19.2厘米

　　厚方唇，窄折沿微上翘，圆腹稍鼓，圜底，柱足，两立耳上厚下薄、微外撇。腹饰一周三组兽面纹、每组纹饰之间以粗高竖条扉棱为界，云雷纹为地，纹饰带上、下各有一周细阳纹。每组兽面纹以粗高竖条扉棱为鼻，花瓣形鼻饰，圆目凸出，角粗壮而内卷，廓形耳，下有利爪，长身上扬，尾内卷。角、身、尾上都装饰阴线纹、卷云纹。三足根部饰阴线卷云纹，其下饰倒立三角纹，内填卷云纹。

鼎 │ 商

2011年济南市刘家庄遗址出土（M121：51）

现藏济南市考古研究院

通高19.4、口径15.5、腹径15.4厘米

　　厚方唇，口微侈，深腹、腹部鼓起不明显，圜底，柱状实足。立耳微撇。腹部饰一周三组兽面纹，每组纹饰之间以扉棱为界，以云雷纹为地。兽面纹椭方目凸出，以扉棱为鼻，角粗壮上卷，宽叶形耳。兽面纹两侧各有一倒立夔龙纹。足上饰蕉叶纹、内填云纹。三足内侧面各有一凹窝。腹内底部有铭文"𓊍"。

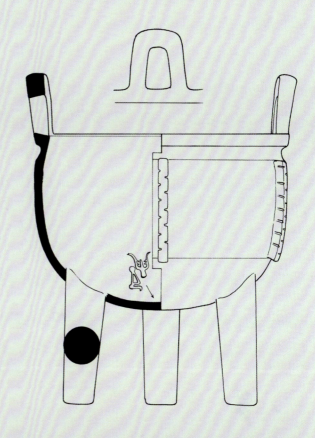

鼎 | 商
1991年苍山县（现兰陵县）西北村密家岭出土
现藏兰陵县博物馆
通高20、口径16.5厘米

　　厚方唇，口微敛，窄折沿，圆腹稍鼓，圆
底，三柱状足，口沿上二立耳微外撇。周身六
道扉棱，器身饰一周兽面纹，圆目凸出，扉棱
为鼻，云雷纹为地。腹内铸图徽和"乙父"
铭文。

鼎 | 商

邹平市小清河水利工地出土

现藏邹平市博物馆

通高20、口径16.4、足高7.3厘米

厚方唇，口微敛，深腹微鼓，圜底，三柱足，两立耳微外撇。腹部有六道粗高扉棱，饰一周三组兽面纹，以云雷纹为地，纹饰凸起不明显。以粗高扉棱为界，每组兽面纹又以扉棱为鼻，圆目，角上卷，长尾上翘内卷。

鼎 ｜商

征集

现藏青岛市博物馆

通高22、口径25厘米

　　厚方唇，窄平沿，深腹微鼓，圜底，三柱足，双立耳微外撇。腹部有六道粗扉棱，将腹部纹饰分为三组，每组又以扉棱为界，每道扉棱上均匀分布横向阴线。口沿下一周三组夔龙纹，腹部一周三组兽面纹。两道纹饰带上、下均各有一道细阳线纹。每组夔龙纹以扉棱为界、由两两相对四条龙组成。每条龙椭方目、中间有凹窝，下颚较短，上颚长而下卷，长冠后扬，下有利爪，龙身较短，尾分岐，上部上卷、下部下垂而内卷。爪、冠、身、尾上饰阴线纹。腹部饰兽面纹，花瓣形鼻位于扉棱两侧，臣字形眼眶，圆形凸目、中有凹窝，上有凸出的角，两侧均内卷，长身、尾内卷，下有两爪，前爪较短，后爪较长。鼻、角、身上均饰阴线纹。器身所有纹饰以云雷纹为地。器内壁有铭文"亚□□"。

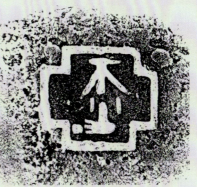

鼎 | 商

1983年寿光县（现寿光市）益都侯城城址出土

现藏寿光市博物馆

同出2件，形制相同，大小基本相同

通高23.6、口径17.8厘米

　　方唇，沿面略内倾，腹微鼓，圜底，圆柱形足，立耳。腹饰夔纹、兽面纹各三组，扉棱六条，三条作兽面纹鼻梁，三条作隔梁；夔纹每组四夔，头向扉棱，云雷纹地。其中一件的一足根部经过修补，足根及腹内各附一铜片，将腹壁夹在中间。沿下腹内皆铸铭"己立"，铭文位于两耳之间，与一足相对应。

右器

右器

左器

鼎 | 商
1973年惠民县大郭村商代墓葬出土
现藏惠民县博物馆
通高36.4、宽30、内径27.6厘米

　　厚方唇，微敛口，平折沿，腹微鼓，
圜底，粗柱状三足，内底有浅窝，双立耳
微外撇。腹部饰一周三组浮雕式虎纹图
案，虎纹简洁。纹饰带上、下有细阳纹。
每组纹饰之间可见清晰的范线相隔，范线
延续到三足。外底范线清晰。

鼎 商

馆藏

现藏山东博物馆

通高26、口径20.6厘米

方唇，窄折沿，深腹微鼓，圜底，三柱足略外撇，立耳。口外饰涡纹、夔纹相间的纹饰一周，内壁近口处铸铭作双羊形。

鼎 | 商

2003年济南市大辛庄遗址出土（M72：1）

现藏山东大学博物馆

高21.5、口径17.4厘米

　　窄方唇，斜折沿，深腹，腹壁近直，圆底，三柱形实足，内底有凹窝，双立耳。口沿下有一周凸起宽带，其上有九个圆凸饼形装饰，圆饼之上饰乳丁。足部外侧及其所对应的器壁之上有清晰的范线。

鼎 | 商

1986年青州市苏埠屯墓地出土（M8：16）

现藏山东省文物考古研究院

通高25.2、口径19.5厘米

厚方唇，窄折沿，深腹，下腹略外鼓，圜底，三柱足略外撇，两立耳微外侈。上腹部有一周三组简化兽面纹，两侧各有一凸目，中有细凸棱作扉棱。

鼎 | 商
1986年青州市苏埠屯墓地出土（M7：2）
现藏山东省文物考古研究院
通高19、口径16.2厘米

方唇，折沿较宽，深腹微鼓，圜底，三柱足，足内侧平，两立耳略外侈。上腹部饰两道凸弦纹，内饰三组简化兽面纹，仅双目稍凸出，以细扉棱为鼻。

鼎｜商

1957年长清县（现济南市长清区）小屯遗址出土

现藏山东博物馆

通高21.7、口径16.5厘米

　　厚方唇，窄折沿，深腹微鼓，圜底，三柱足，立耳微外撇。上腹部一周三组纹饰带、以扉棱作间隔、左、右各有两夔龙，扉棱两侧的夔龙纹相对。夔龙圆目凸出、张口、短身、尾上翘，龙身填以云雷纹，下腹部饰蝉纹，云雷纹为地。鼎腹内一侧有铭文一字"享"。

鼎 | 商

1983年寿光县（现寿光市）益都侯城城址出土

现藏寿光市博物馆

同出2件，形制基本相同，大小稍有差异

一件通高19.2、口径14.8厘米，另一件通高19、口径15.7厘米

　　方唇，沿面略内倾，腹微鼓，分档，圆柱形足，立耳。口沿下饰一周云雷纹，腹部正对三足处饰兽面纹三组，以云雷纹为地。兽面纹花瓣形鼻，圆目凸出，双角粗壮，阔形耳。兽面纹两侧有倒立夔纹，张口，长身，尾上翘，利爪，瓶形角。沿下腹内铸"S枕"铭。

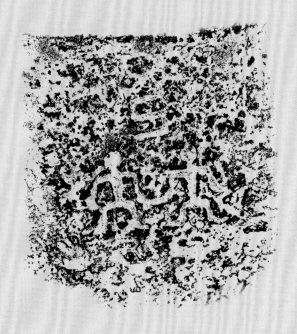

右器

右器

鼎 | 商
2011年济南市刘家庄遗址出土（M121：57）
现藏济南市考古研究院
通高16.7、口径12.8厘米

　　方唇，侈口，斜折沿，浅腹，圜底，三夔龙扁足外撇，夔尾平折着地，立耳微撇。口沿下饰一周纹饰带，以云雷纹为地，均匀分布六条扉棱，其间各饰一夔纹，两两夔纹相对组成三组兽面纹。三足圆目凸出，饰云纹。腹内底部有铭文"🐦"。

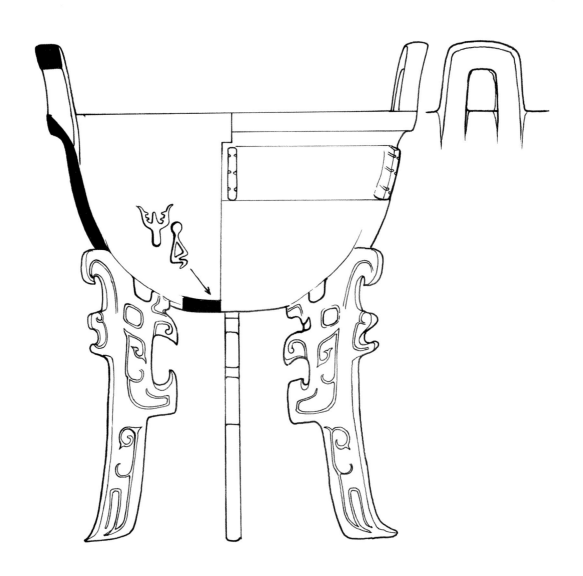

鼎 | 商
1961年长清县（现济南市长清区）
小屯遗址出土
现藏山东博物馆
通高23、口径16×14.2厘米

长方形腹。方唇，折沿，腹微鼓，四柱足，立耳。器壁四隅及颈部四面与中部各有扉棱。颈饰相对夔纹，中间饰扉棱，上饰联珠纹、云雷纹。腹饰浮雕兽面纹，圆目凸出，云雷纹为地。足饰阴线蝉纹。腹内壁铸"举祖辛禹"铭文及一亚形族徽。

鼎 | 商

2011年济南市刘家庄遗址出土（M121∶61）

现藏济南市考古研究院

通高25厘米，口长20.6、宽17.2厘米，底长16.8、宽13厘米

　　器身呈长方斗形。厚方唇、折沿，斜直壁，平底略垂，四柱状实足，立耳。腹部四角及四壁中部各有一道扉棱。四壁纹饰基本相同，分上、下两部分，均以云雷纹为地。上部饰两条相对的夔纹组成一组兽面纹；下部为以扉棱为鼻的兽面纹，圆目凸出，较宽两壁兽面纹两侧各一倒立夔纹，夔纹及兽面纹身上均饰云纹。足上部饰带状云纹，下部为三组三角云纹。立耳外侧饰云纹。较宽的一侧腹内壁有铭文"ᘓ"。

鼎 | 商

1986年青州市苏埠屯墓地出土（M8：13）

现藏山东省文物考古研究院

通高21.5、通长16.8、通宽13.4、足高8.8、耳高4厘米

　　厚方唇，卷沿，深腹，下腹略收，平底微凹，四柱足，足根有兽面纹，两立耳。四面纹饰基本相同，器腹四角均有凸出的扉棱。器腹中间为长条形勾连雷纹区域，周围有呈凹字形的乳丁纹带，乳丁圆钝凸出。器腹上部饰云雷纹为地的对称凤鸟纹，以中央短扉棱为界。足上有与器腹四角扉棱对应的短扉棱，作为足根兽面纹的分界。兽面纹以云雷纹为地，圆目、角、鼻等明显。器内壁可见"融"字铭文。器底可见网状加强筋的痕迹并有烟炱痕迹。

鼎 │ 商

1983年平阴县让庄铺村东出土

现藏平阴县博物馆

通高21.2、口径18×14厘米，重3.6千克

厚方唇，窄折沿，深腹斜直，平底，立耳微外撇。腹壁四角均有凸出的竖条高扉棱，上有短直线装饰。上腹部为一周凤鸟纹，每组凤鸟纹均是以居中的短扉棱为界，两侧各有两个凤鸟纹相对而立。下腹部为凹字形乳丁纹装饰。足上端饰浮雕式兽面纹，下有三周凹弦纹。

鼎 商

1931年益都县（现青州市）苏埠屯墓地出土

现藏山东博物馆

通高22.9、口径17.8×14厘米

长方形斗状。方唇，折沿，四柱足，立耳
外撇。腹壁四面口沿下饰双身龙纹，腹下部及
两侧饰乳丁纹，腹部四角有扉棱。器身纹饰稍
显模糊、不甚规整。内壁铸铭文四字："作珙
从彝。"

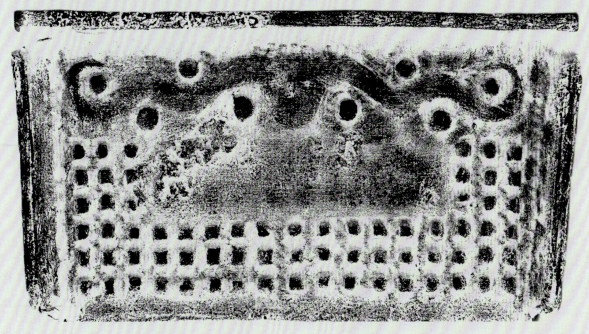

鼎 | 商

1986年青州市苏埠屯墓地出土（M8：15）

现藏山东省文物考古研究院

通高18.6、通长14.5、通宽10.8、

口径14×11.3厘米

　　方唇，窄折沿，浅腹，圜底，四夔形足，两立耳。器腹四面均饰简化兽面纹，目、鼻明显，T字形角。夔足扁状，口张开承鼎腹及底，可见角及爪，尾卷触地。器身内侧有铭文"册融"字样。一足断裂已修复。

短边纹饰

长边纹饰

鬲 | 商
1964年滕县（现滕州市）种寨村出土
现藏山东博物馆
通高21、口径15厘米

薄唇，卷沿，束颈，鼓腹，连裆，三柱状空足，口沿部有两立耳、略外撇。颈部饰兽面纹，以扉棱为鼻，圆目凸出，身体躯干以云雷纹表示。器内壁有"眉壬子"三字。

甗 | 商

1983年寿光县（现寿光市）益都侯城城址出土

现藏寿光市博物馆

通高34.2、口径20厘米

甑鬲连体。甑方唇，侈口，卷沿，深腹，束腰，立耳略外撇。鬲分裆，圆柱形足。腹内侧有隔，用以承箅，箅作心形，箅孔作十字形，一端有纽，便于提放。甗身素面，可见打磨痕迹。沿下腹内铸"𠂤"。

甗 商

1964年苍山县（现兰陵县）东高尧村出土

现藏临沂市博物馆

通高49.3、口径30.7厘米

　　甑鬲联体甗。甑方唇，侈口，卷沿，深腹微鼓下收，两绳式立耳外撇。腹内有箅，箅上有十字形镂孔及一环纽，一侧有甑钩，能开合使用；口沿下饰一周兽面纹带，上、下联珠纹带各一周。鬲分裆，三足上部对应的鬲腹部各饰一浮雕兽面纹，吻凸，圆凸目，长横眉，阔形耳。器壁内上侧有铭文"戎"字。

篁 | 商
2011年济南市刘家庄遗址出土（M121：10）
现藏济南市考古研究院
通高17、口径23厘米

　　方唇，侈口，折沿，深腹稍内收，圆底，圈足较高。沿下及圈足均有一周
纹饰带，均以云雷纹为地，分布三组以夔纹相对组成的兽面纹，沿下夔龙纹之
间各相隔一浮雕兽首，圈足夔龙纹之间以扉棱为界。腹部满饰均以菱形雷纹为
地的乳丁纹，乳丁圆钝。

簋 | 商

1986年青州市苏埠屯墓地出土（M8：12）

现藏山东省文物考古研究院

通高21.7、口径25.3、足径18厘米

方唇，敞口，斜折沿，斜直腹，圜底近平，高圈足外侈。颈部饰一周以云雷纹为地的变形夔龙纹，另有对称兽首。腹部满饰勾连雷纹，内填乳丁，尖部凸起。圈足饰兽面纹，圆目凸出，长身利爪尾上卷，云雷纹为地，扉棱为鼻。内底可见铭文"融"。器底可见整齐的加强筋。

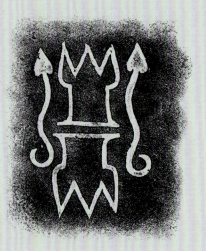

簋 | 商

济南市刘家庄遗址出土

现藏济南市博物馆

通高15、口径19.4、底径14厘米

　　方唇，侈口，束颈，圆腹外鼓，高圈足、有台座。颈部饰一周兽面纹，对称浮雕兽首。腹饰斜方格雷纹、乳丁纹。圈足饰夔龙纹，圆目凸出，长身，尾上卷，下有爪。器内底铸有一族徽"𣱷"。锈蚀、变形严重。

簋 商

2010年济南市大辛庄遗址出土（M256：8）

现藏济南市考古研究院

通高17、口径23.8、足径15.9厘米

　　敞口，方唇，宽卷沿，腹壁近直斜收，圜底，圈足较高且外撇，足切地处下折成直角。上腹三周凸弦纹带上均匀置三个兽首，圈足两周凸弦纹带上置三个十字形镂孔与兽首相对。

簋 商

1986年青州市苏埠屯墓地出土（M7：1）

现藏山东省文物考古研究院

通高11.7、口径17、圈足高3、足径12厘米

方唇，侈口，微束颈，浅鼓腹，圜底，高圈足。腹部饰两道凸弦纹，两道弦纹之间有三组简化兽面纹，有短扉棱为鼻，仅有两凸目。稍变形。

簋 商

馆藏

现藏烟台市博物馆

通高13.5、口径17.5、底径12.2厘米

方唇，侈口，卷沿，束颈，鼓腹略垂，圈足外撇，两兽首形环耳。口沿下一周蕉叶纹，内填云纹。颈部和圈足饰一周三组兽面纹，均为相对的夔龙纹组成，颈部的纹饰以浮雕兽首为界，圈足的纹饰以粗短扉棱为界。腹部饰兽面纹，圆目凸出，长角，长身，尾内卷。器身纹饰均以云雷纹为地。

簋 商

馆藏

现藏烟台市博物馆

通高14.2、口径19.4、底径15.5厘米

方唇，敞口，束颈，鼓腹，圈足带高台座，双兽首环耳带钩形小珥。颈部、圈足均饰一周三组兽面纹，均椭圆目凸出，居中有凹窝，其余部位用云雷纹填充。颈部居中有浮雕兽首。腹内底铸铭文："戈册京。"

簋 | 商

1964年苍山县（现兰陵县）东高尧村出土

现藏临沂市博物馆

通高21.8、口径21.5厘米

侈口，唇面中间有凸棱，卷沿，短颈微束，鼓腹，最大径偏下，高圈足微外撇。腹部两对称兽耳，兽首略凸出，下有长方形垂耳。颈部与足部各饰一周兽面纹，颈部纹饰带中间有浮雕兽首。兽面纹均椭方目，中有凹线，角部有列旗纹，其余部位以云纹填充。腹内有"戒"字。

颈部纹饰

颈部纹饰

圈足纹饰

豆　商

1961年长清县（现济南市长清区）小屯遗址出土

现藏山东博物馆

通高10、口径19.3、足径12.5厘米

敞口，浅腹，圜底，高圈足。腹外壁弦纹间饰
六个凸起的圆涡纹，圈足饰弦纹。

爵 商

滕州市前掌大遗址出土

现藏滕州市博物馆

通高17、通宽15.6厘米

窄流，三角短尾，下腹微鼓，圜底，腹部一侧有半环形鋬，三棱形锥状足外撇。菌状柱，柱面饰涡纹，腹饰一圈兽面纹。

爵 | 商

1986年青州市苏埠屯墓地出土

现藏山东省文物考古研究院

通高19.5、通长16.5、通宽10.2厘米，重0.953千克

　　粗矮体。短流，短尾，深鼓腹略有下垂，圜底，三棱足较矮、略外撇。一侧有兽首鋬，口沿上有两个菌帽矮柱，菌帽圆饼形，顶凸出。上腹部一周云雷纹，上、下分别围以联珠纹。鋬内侧有铭文"亚醜"。

爵 | 商
1980年桓台县史家大队西南崖头出土
现藏济南市博物馆
通高21.7、通长18.5、口宽7.9厘米

　　长流，尖尾，深腹微鼓，圜底，三尖足外撇，兽首鋬，菌形双柱饰涡纹。腹饰云雷纹衬地兽面纹，双目凸出，扉棱为鼻。鋬内铭文二字"祖戊"。

爵 商

1964年苍山县（现兰陵县）东高尧村出土

现藏临沂市博物馆

通高21.6、口径17.6厘米

长流，长尾，微束颈，深腹微鼓，圆底，下置三棱细长足外撇，兽首鋬。双柱较高，柱帽顶端饰涡纹，腹部饰简化兽面纹，仅圆目凸出，其余部位均填以云雷纹。鋬下铸铭文"戎"字。

爵 | 商

1973年兖州县（现济宁市兖州区）李宫遗址出土

现藏济宁市兖州区博物馆

通高19.3厘米

　　长流，尖尾，深腹，圜底，三足外撇，一侧有环形鋬。菌形双柱，菌帽饰涡纹。腹部饰有简化兽面纹，云雷纹为地，扉棱为鼻，椭方目凸出似浮雕，中有凹窝，目下有类似花朵形的装饰。鋬内有铭文"索父癸"。

爵 │ 商
 │ 1996年桓台县史家遗址出土
 │ 现藏桓台博物馆
 │ 通高18厘米

　　长流，尖尾，微束颈，腹微鼓，圜底，三尖足微外撇，兽首鋬。口流交接处有两立柱，菌形柱，菌帽上饰涡纹。腹部为云雷地兽面纹，略显浮雕状，圆目凸出，简明线条表现出身体躯干等部位。鋬内铭"父辛"二字。

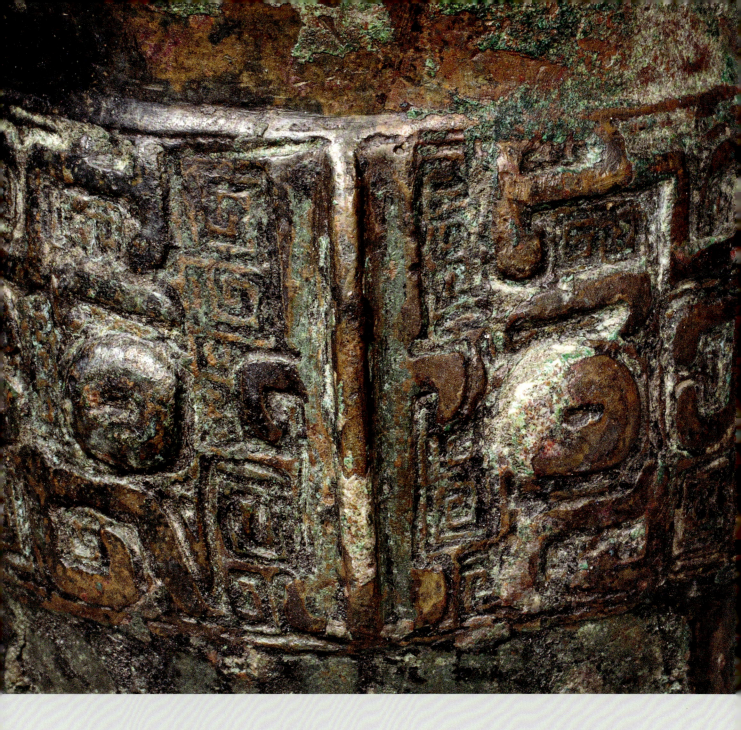

爵 商

移交

现藏青岛市博物馆

通高18.5、口径7.5厘米

　　长流，尖尾，侈口，腹稍鼓，卵圆形底，三棱足外撇，一侧有兽首鋬。菌形双柱。腹饰兽面纹，仅圆目凸出，其余部位以云雷纹表现。纹饰磨损严重。鋬内有铭文"𘟼"。

爵 | 商
1983年寿光县（现寿光市）益都侯城城址出土
现藏寿光市博物馆
通高21、流尾间距18厘米

　　长流，尖尾，卵圆深腹，三尖足外撇，兽首鋬。口上有双立柱，方柱圆帽，上有涡纹。腹部有一周兽面纹，圆目凸出，其余部位填以云雷纹。鋬内侧有"己立"铭文。

爵 商

1984年平阴县臧庄村出土

现藏平阴县博物馆

通高19.2厘米，重0.9千克

　　敞口，长流，尖尾，深腹略鼓，三棱锥足略外撇，腹部一侧有鋬。流侧有二菌形柱，柱顶饰涡纹，腹上部饰一周云雷纹，上、下缘饰联珠纹。鋬内有铭文"子义"。

爵 | 商

1986年青州市苏埠屯墓地出土（M8：6）

现藏山东省文物考古研究院

通高21.5、通长17.5、通宽10.5厘米

　　长流，短尾，深腹，圜底，三足外撇，一侧有鋬。口沿上有两立柱。上腹部饰一周以短扉棱为界的对称夔龙纹，云雷纹为地。鋬内侧有铭文"融"。

爵

商

征集

现藏青岛市博物馆

通高20、口径8厘米

长流，尖尾，卵圆形深腹，三足外撇，素条鋬。菌形双柱较高，柱顶饰涡纹。腹部饰兽面纹，仅圆目凸出，其余部位以云雷纹表示。鋬内有铭"辛𠬝"二字。

爵 | 商
1985年枣庄市薛城区东托村出土
现藏枣庄市博物馆
通高19、口径8、流长7.2、宽4厘米，重0.68千克

长流上昂，长三角尾上翘，斜方唇，深腹微鼓，圜底，三棱形锥足外撇，腹壁一侧有兽首鋬。两柱顶部饰涡纹，腹部上、下各饰一周联珠纹，间饰雷纹带。鋬内有三字铭文。

爵 │ 商
1964年苍山县（现兰陵县）东高尧村出土，张吉祥捐赠
现藏临沂市博物馆
通高21.6、口径18.1厘米

　　长流尖尾，深腹微鼓，圜底。近流处有蘑菇双柱，柱帽顶端饰涡纹。腹部饰兽面，有兽首鋬，下置三棱细长足外撇，鋬下铸铭文"戎"字。

爵 | 商

1976年胶县（现胶州市）西皇姑庵遗址出土

现藏胶州市博物馆

通高18.7、通长17.1、腹深9.5厘米，重0.794千克

　　长流，尖尾，直腹，圜底，三棱足外撇。口部有两柱，柱顶作蘑菇状，上饰有涡纹。腹部饰以扉棱为中线左右对称的兽面纹，以云雷纹衬底，下饰一圈涡纹。腹侧有鋬，鋬上有一兽首。鋬内侧铸有铭文："∩父癸。"

爵

商

2010年济南市大辛庄遗址出土（M225：6）

现藏济南市考古研究院

通高19.1、通长17.1厘米

长流，尖尾，深腹，卵圆形底，三棱锥状足外撇，半环形素条鋬。菌状柱较高，柱顶饰圆涡纹。腹上部饰三条凸弦纹。鋬内腹外壁有铭文"剌"。

爵 | 商

邹平市小清河水利工地出土

现藏邹平市博物馆

通高21、流长8.5、足高10、柱头高3.1厘米，重0.87千克

　　长流，尖尾，长深腹，其下有三个锥状长足，腹部一旁有鋬。流与口之间有伞状柱。腹部饰有兽面纹，上、下缘饰以联珠纹。

爵 | 商
1986年青州市苏埠屯墓地出土（M7∶9）
现藏山东省文物考古研究院
通高19.8、流口通长17.5厘米

　　窄流，尖尾，尾高于流，深直腹，圜底，三足外撇，条形鋬。圆柱呈伞状，柱帽饰涡纹。腹饰三道凸弦纹。

爵

商

调拨

现藏烟台市博物馆

通高19.5、通长15.8、流宽4.1厘米

　　长流，尖尾，长深腹，圜底，三足外
撇，伞形双柱。上腹部有三周细凸棱，鋬
内有铭。

爵 | 商

征集

现藏青岛市博物馆

通高19.5、口径7.5厘米

长流，尖尾，侈口，深腹，卵圆形底，三尖足略外撇，兽首形鋬。菌形双柱，双柱顶部有圆形凸出，顶面有涡纹。口沿下饰蕉叶纹，内填云雷纹。流、尾部分的蕉叶纹较长。腹部饰两周兽面纹，圆目凸出，卷云状鼻，横S形角，内填线纹，内端粗壮，外端尖锐而上翘。下有两爪、后爪较长，卷云纹长身向后延伸。其余部位以云雷纹填充。内铸铭文"史"。

爵 | 商
2011年济南市刘家庄遗址出土（M121：47）
现藏济南市考古研究院
通高19.3、通长16.7厘米

　　长窄流，尖尾，深腹，卵圆形底，半环形牛首鋬。三棱锥状足外撇，内侧均有一段凹槽。菌状柱，柱顶饰圆涡纹；口、流、尾下饰蕉叶纹、内填以云纹。腹部饰云雷纹为地的两组兽面纹以扉棱为界。兽面纹圆目凸出，仅以粗大的线条表现出角、四肢等。鋬内腹外壁有铭文"𡧀"。

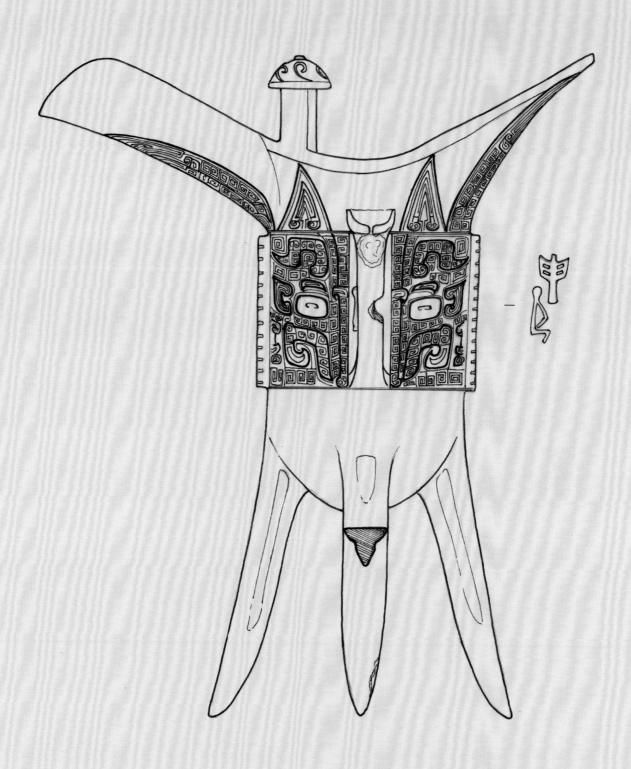

爵 | 商

1962年长清县（现济南市长清区）小屯遗址出土

现藏济南市长清区博物馆

通高21.7、口径8.3厘米

　　长流上翘，后有尖尾，流与杯口之处有双菌状柱，深腹，腹壁较直，圜底，下有三尖锥足，略外撇，一侧有鋬，缺失。流下部饰一周蕉叶纹，爵腹饰兽面纹，仅圆目凸出，其余部位用云雷纹表示，腹部有三道扉棱。鋬下有铭文"子口举"。

152

爵 | 商

1984年益都县（现青州市）于家庄北岭出土，
村民张文亭捐赠

现藏青州市博物馆

通高20.5厘米，重0.7352千克

长流，尖尾，卵圆形深腹，三足外撇，一侧有
兽首鋬。口沿有双柱，方形柱体，菌帽上有涡纹、
顶端有圆纽。上腹部一周兽面纹，方目凸出、居中
有凹线，其余部位填以云纹。鋬内有铭文"父己"
二字。

爵　商

移交

现藏青岛市博物馆

通高20、口径7.5厘米

　　长流，尖尾，卵圆形腹、略呈垂腹，圜底，三足细长外撇，素条鋬，口沿上菌形柱。柱顶饰涡纹，腹部饰长冠长尾凤鸟纹一周，云雷纹为地。鋬内有铭文"𠭯"。

爵 | 商
1971年邹县（现邹城市）南关化肥厂出土
现藏邹城市文物保护中心（邹城博物馆）
通高22.3、通长18.4厘米

　　窄流，长尾，深腹，圜底，三棱锥状足外撇，
腹部有半圆形鋬、上有兽首。菌形柱细高。腹部一
周兽面纹，仅圆目凸出，其余部分用云雷纹表示。
鋬手内有"子子"二字。

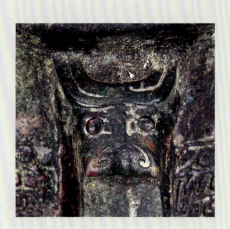 

角 │ 商
1931年益都县（现青州市）苏埠屯墓地出土
现藏山东博物馆
通高23.8、通长18.4厘米

　　口有两翼，翼尾呈锐角形。深腹、卵形底，下承三个三棱形足，足尖外撇，腹部一侧有鋬。腹部饰兽面纹，圆目凸出，云雷纹填充细部。翼下饰三角纹，填充不规则兽面纹。三足外侧均有细长云雷纹饰。器身纹饰线条稍显不流畅。鋬内有一铭文"从"。同出2件。

觚 商

1980年滕县（现滕州市）前掌大村征集
现藏滕州市博物馆
高19.3、口径14、底径9.2厘米

方唇，喇叭形敞口，腹壁内收，平
底，喇叭状高圈足。腹部和足部分别饰
两周凸弦纹和一周兽面纹，纹饰线条
疏朗，未见云雷纹地。圈足内壁铸铭文
"亚囗"。

觚 | 商

1931年益都县（现青州市）苏埠屯墓地出土

现藏山东博物馆

高20、口径12.5、足径7.5厘米

　　口呈喇叭形，腹中有凸箍，下承圈足。柄部、圈足有对应的四条扉棱。柄部纹饰为由倒立夔纹组成的兽面纹，扉棱为鼻，云雷纹为地。圈足兽面纹由变形夔纹组成，云雷纹为地。圈足内壁铸有四字铭文："作珙从彝。"同出2件。

觚 商

1981年邹县（现邹城市）南关遗址出土

现藏邹城市文物保护中心（邹城博物馆）

高27.2、口径16、底径9.5厘米

喇叭形口，腹部有不明显的凸箍，喇叭形圈足，有台座。凸箍饰一周简化兽面纹，线条表现出角、目、爪等部位，云雷纹为地。上、下各饰两周凸棱纹，圈足亦饰兽面纹。圈足内有一铭文，形似双目。

166

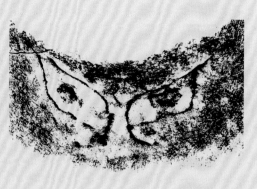

觚 | 商

馆藏

现藏烟台市博物馆

高28、口径15.2、底径8.1厘米

　　喇叭形口，腹有一周凸箍，圈足有高台座。凸箍上、下各有两道细凸棱，凸箍及圈足上各饰一周兽面纹。圈足内壁有铸铭："⊠⊠戈。"

觚 | 商

1981年邹县（现邹城市）南关遗址出土
现藏邹城市文物保护中心（邹城博物馆）
通高27.2、口径16、底径9.5厘米

喇叭形口，腹有凸箍，喇叭形圈足，下有矮阶。柄部和圈足满饰兽面纹，磨损痕迹严重。圈足内有一铭文，待考。

觚 商

馆藏

现藏济南市博物馆

高25.7、口径15.1、底径9.3厘米

　　方唇，喇叭口，腹部有一周凸箍，喇叭形圈足，下有台座。口饰蕉叶纹，腹下饰两十字镂孔，腰部凸箍、圈足均饰兽面纹，其上各有一周云纹带。腰部的兽面纹圆目凸出，角、身、爪等均以卷云纹表现。圈足上的兽面纹圆目凸出，短身，尾上翘。角、爪均以阴线纹表现，空白区域填云雷纹。凸箍，下有两周细弦纹，上有十字镂孔。圈足内壁铭文三字："射妇口。"

觚 | 商

1986年青州市苏埠屯墓地出土（M8∶2）

现藏山东省文物考古研究院

高26.4、口径15.6、足径9.8厘米

　　大敞口，腹中间一周凸箍，喇叭形圈足，有高台座。柄部饰一周兽面纹，圆目凸出，云雷纹为地，以扉棱为鼻。兽面纹带上有一周、下有两周细凸棱。圈足两周纹饰带，均以云雷纹为地。上为相对夔龙纹带，下为兽面纹。圈足内侧有凸出的阳文"融"字。同出2件，形制、大小、纹饰均相同。

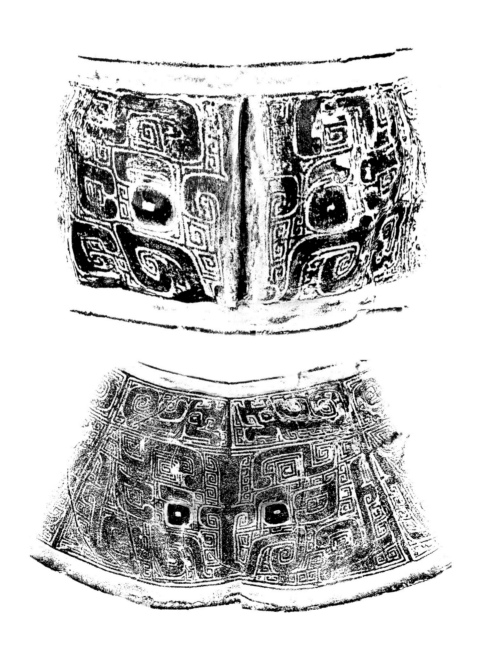

觚 │ 商

1964年苍山县（现兰陵县）东高尧村出土

现藏临沂市博物馆

高36.9、口径17.5厘米

喇叭口，深腹，高圈足，下有台座。腹、圈足之间以弦纹相隔。口饰一周蕉叶纹，下饰一周小鸟纹，柄部、圈足饰兽面纹，纹饰均以云雷纹为地。柄部、圈足各有四道扉棱相对应。圈足内部有铭文"戎"。

觚 | 商
1962年长清县（现济南市长清区）小屯遗址出土
现藏济南市长清区博物馆
高32.5、口径17厘米

　　大喇叭口，腹内收，壁较直，有不甚明显的凸箍。高圈足，下有高台座。凸棱、圈足部位有上下对应的四条高扉棱，上有短直阴线装饰。大喇叭口饰蕉叶纹，内填兽面纹。腰部、圈足均饰兽面纹。口部、腰部、圈足部位的兽面纹稍有差别，但均为分解式兽面纹，椭圆目凸出，居中有凹槽，阔耳，以云雷纹为地。内底有铭文"京"。

觚 | 商

1986年青州市苏埠屯墓地出土（M7：6）

现藏山东省文物考古研究院

高26.2、口径16.1、足高8.5、足径9.2厘米

　　喇叭形口，腹略鼓，高圈足，座较高。腹部鼓起的地方饰一周两组兽面纹，上、下均各有一组两道细阳纹。兽面纹与细阳纹之间间隔联珠纹。圈足饰一周两组兽面纹，上、下缘有联珠纹。圈足内有铭文"亚醜"。

觚 | 商

1973年平邑县洼子地村出土

现藏平邑县博物馆

高22.4、口径15厘米

喇叭口，腹部微鼓，高圈足，下有台座。鼓起部位饰浮雕分体式兽面纹。圈足内有一符号，不识。

觚 商

2010年济南市大辛庄遗址出土（M127：1）

现藏山东大学博物馆

高26、口径16.5、底径8.7厘米

　　整体瘦高。方圆唇，大喇叭敞口，腹壁内收，腹部外鼓不明显，平底，喇叭状高圈足，下有矮阶。腰部有两个对称的扉棱，上、下各有两道凸弦纹，其余器表素面，出土时腰部及以下有纺织品痕迹。

觚 商

2011年济南市刘家庄遗址出土（M56：1）

现藏济南市考古研究院

高25.5、口径14.5、足径8.5厘米

　　大喇叭口，粗柄，直腹，高圈足，下有台座。腹下部略鼓，饰四个乳丁，其上、下各一周凸棱。圈足内壁有铭文："子工父已。"

斝 商
征集
现藏济宁市兖州区博物馆
通高30.5、口径19厘米

侈口，颈、腹分界明显，分档，下部三空锥足通腹部，折弧形条形鋬。口沿上有一对菌形柱，方柱，圆帽。口部有残缺。

斝 | 商

1986年青州市苏埠屯墓地出土

现藏山东省文物考古研究院

通高34.5、通宽23.6、口径19.2厘米，重5.221千克

方唇，卷沿，束颈，圆鼓腹，分裆，三柱足。一侧颈、腹间有兽首鋬，沿上有两立柱。全身素面，仅颈部一周细凸棱纹。鋬上有简化兽首，沿上两方形柱，圆帽，帽上有涡纹装饰。一柱补铸。

斝 | 商
1983年寿光县（现寿光市）益都侯城城址出土
现藏寿光市博物馆
通高34、口径19.5厘米

侈口，束颈，分裆鬲状腹，三足，颈、腹部正对一足有兽首半圆形带状
錾。蘑菇状柱，柱顶端饰涡纹。腹颈结合处饰一周六组对角雷纹。器身范线
明显。

罞 | 商
济南市莱芜区城子县村出土
现藏济南市莱芜区博物馆
残高20.6、腹径15、足高9.2厘米

圆唇，侈口，束颈，簋形腹略呈垂腹，圜
底。三棱形锥足外撇，素鋬。口有对称两柱，
菌状柱残。颈部三道凸弦纹。

觯足

商
1965年益都县（现青州市）苏埠屯墓地出土
现藏山东省文物考古研究院
通长22、通宽4.5厘米

四面锥体，外撇，正面有扉棱。朝外的两
面有云雷纹为地的夔龙纹。夔龙纹圆目凸出，
张口卷尾。龙身有阴线装饰。

觯 | 商

1931年益都县（现青州市）苏埠屯墓地出土

现藏山东博物馆

通高12.8、口径长9.5、宽7.6厘米

　　扁圆矮体。圆唇，侈口，束颈，圆鼓腹，圜底近平，圈足稍高、微外撇。颈部饰凸弦纹三道，圈足饰凸弦纹两道，其余部分为素面。内底有一族徽铭文"亚醜"，外底有一阴线卷体龙纹。

觶 | 商

1971年邹县（现邹城市）南关化肥厂出土

现藏邹城市文物保护中心（邹城博物馆）

通高11.5、口径8.5×7、足径8.1×6.5厘米，重0.44千克

椭圆体。侈口，束颈，深腹，圈足外撇。器身素面。

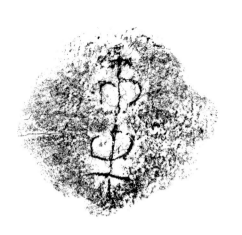

觯 商

征集

现藏青岛市博物馆

高11、口径7厘米

尖唇，唇面厚薄不均，微敛口，束颈，圆鼓腹，高圈足外侈。颈部饰两周凸棱，圈足饰一周凸棱。足外底内有铭文。

觯 商

1991年苍山县（现兰陵县）西北村密家岭出土

现藏兰陵县博物馆

高14.8、腹径8、上口径7.3厘米

　　圆唇，侈口，束颈，垂腹，高圈足外侈。颈部
一周纹饰，锈蚀不清。圈足外底有一族徽不识。

觯 商
1964年苍山县（现兰陵县）东高尧村出土
现藏临沂市博物馆
高14.5厘米

敞口，束颈，鼓腹，高圈足外撇，通
体素面。内底有铭文"𠂤女"。外底有一
铭文，不识，似为一人依一树站立。

觯 | 商
移交

现藏青岛市博物馆

高16.5、口径7.5厘米

椭圆体瘦高。薄唇，喇叭口，束颈，深腹，下部略鼓，高圆足下部外侈。颈间弦纹内饰有云雷纹一周。

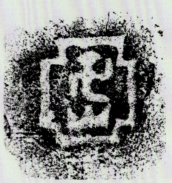

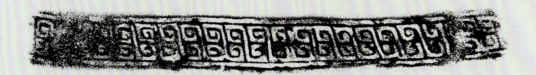

觯 | 商
1984年长清县（现济南市长清区）小屯遗址出土
现藏济南市长清区博物馆
高13.2、口径8.3厘米

方唇，侈口，短束颈，鼓腹略垂，高圈足，下有高台座。颈部饰一周雷纹，有对称的高扉棱，纹饰带上、下均有一周细阳纹。圈足饰一周云雷纹。

觯 | 商
1984年淄博市淄川区石谷村出土
现藏淄博市博物馆
高12.9、口径8.3×7.4、腹径8.3×7.3、
底径6.9×6.3厘米

　　椭圆体。方唇，侈口，束颈，鼓腹稍垂，圈足，下有高台座。口沿下饰一周蝉纹，颈部一周夔纹、前后有两兽首，腹部饰兽面纹、椭圆目凸出。颈部、腹部的纹饰均是浅浮雕样式。内口颈有"父辛鱼"三字铭文。

觯 | 商

1986年青州市苏埠屯墓地出土（M8：9）

现藏山东省文物考古研究院

通高18.9、通长11.6、通宽9.8厘米，盖高6.3、盖径6.5×5.5厘米，觯高14、口径8.8×7.9厘米，足径7.7×6.7厘米

　　椭圆体。方唇，卷沿，束颈，鼓腹，圜底，高圈足，下有台座。盖敛口，圆弧顶，中央有四阿重屋纽。器盖、颈、腹、圈足部位相对应的位置均有四条高扉棱，并作为纹饰的分界。器身满布纹饰，均以云雷纹为地。器盖饰以对称分布的凤鸟纹。口沿下饰蕉叶纹带，内填兽面纹。颈部、圈足饰简化兽面纹，仅圆目凸出，躯干以线条表现。腹部饰对称凤鸟纹，凤鸟纹均是尖喙凸出，长冠，爪锋利，长尾着地。器身纹饰均采用浮雕的表现形式。在器物内底和盖内有"融"字铭文。

196

盖内铭文 　　　　　　　　　　　　内底铭文

觯 | 商

2010年济南市大辛庄遗址出土（M225∶10）

现藏济南市考古研究院

通高18.5、口长径8.2厘米

　　器身椭圆体，有盖。侈口，束颈较长，鼓腹，圜底，高圈足外撇。盖作子口与器身相扣合，弧顶，菌状纽。盖面和器体均由扉棱四等分。纽顶部饰涡纹，盖面、颈、腹、圈足分别饰凤鸟纹、长鼻夔纹、凤鸟纹、鸟喙夔纹，均为四组，两两相对，以云雷纹为地，以扉棱为界。口沿下饰一周十二个蕉叶纹，以云雷纹为地。其中，腹部的凤鸟纹以夔龙为冠。器内底有一铭文"子"。

尊 | 商
济南市长清区小屯遗址出土
现藏泰安市博物馆
高25.4、口径20.8、底径14.4厘米

　　大敞口，束颈，腹部微鼓，上下各环饰两周凸弦纹。高圈足外撇，下有矮台座。腹部、圈足饰兽面纹，圆目凸出，以简单线条表现角、耳等。纹饰均以云雷纹为地。

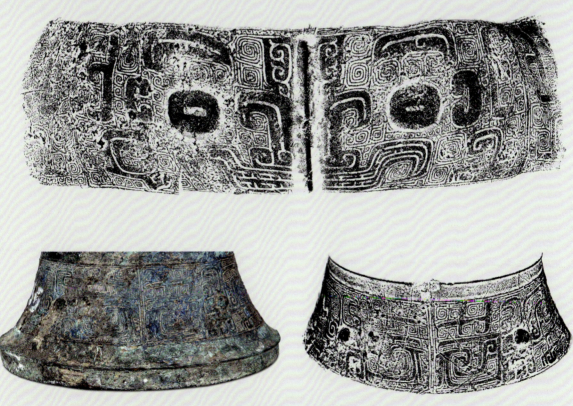

尊 | 商

1986年青州市苏埠屯墓地出土

现藏山东省文物考古研究院

高25.6、口径20.5、底径14.5厘米，重2.14千克

　　大敞口，深腹，中有一周凸箍，喇叭形圈足。凸箍处有一周兽面纹，云雷纹为地。兽面纹分体式，椭圆目凸出，躯干、角等明晰而粗壮，以扉棱为鼻。兽面纹两侧有简化的倒立夔纹。柄部上、下各有两周凸棱。圈足有一周相对夔龙纹，云雷纹为地。圈足内侧有铭文"融"。

尊 商

1964年苍山县（现兰陵县）东高尧村出土

现藏临沂市博物馆

高32.5、底径15厘米

　　敞口，鼓腹，喇叭形高圈足。腹上部两周凸弦纹，腹部、足部饰四扉棱与浮雕兽面纹。兽面纹分体式，以宽扉棱为鼻梁，以简洁的线条表现眼、鼻、角、爪等部位。圈足的兽面纹为两相对夔龙纹组成。圈足外底有铭文。

尊

商

1974年苍山县（现兰陵县）晒米城遗址出土

现藏兰陵县博物馆

高27、口径22厘米

大喇叭口，束颈，鼓腹，腹部有凸箍，圈足有台座。腹部、圈足处均有分体浮雕兽面纹，有对称的四分扉棱。圈内有铭文，释为"巫"字。

尊 | 商

孔府旧藏

现藏孔子博物馆

高32、口径20.5、足径13厘米，重2.7千克

    喇叭口，细颈，腹微鼓，喇叭形圈足。腹部与圈足均有四道竖扉棱，颈下部与腹、腹与圈足皆以两道凸弦纹相隔。颈部为素面，腹部及圈足皆饰兽面纹，椭方目，阔耳，C字形角，云雷纹为地。圈足上有两个十字镂孔，圈足内壁铸铭文"亚 }"。清高宗三十六年（1771年）乾隆皇帝颁赐宫中十件祭祀铜器给孔庙，用于祭祀孔子，俗称"商周十供"，此器为商周十供之一。

卣 | 商

1957年长清县（现济南市长清区）小屯遗址出土

现藏山东博物馆

通高19.5、口径15×12厘米

　　子口内敛，扁圆腹，下腹微鼓略垂，圈足外侈。器两端有半环錾并附绚索状提梁。弧顶盖，盖沿内折作母口承长子口，盖居中有蘑菇纽。颈部和盖面均饰以联珠纹为边带的雷纹一周，器口的装饰带中有浮雕兽首纹，圈足饰两周弦纹。盖内有铭文"举▨"，内底有铭文"举亚▨"。

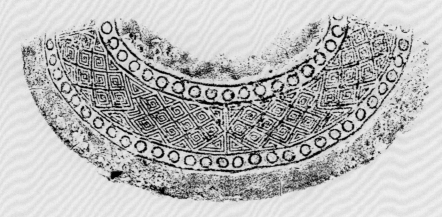

盖面纹饰

颈部纹饰

盖内铭文　　　　　　　　内底铭文

卣 | 商

济南市章丘区东洞溪商代墓出土

现藏济南市章丘区博物馆

通高31.5、口径14.7×13.8、底径21厘米

椭圆体，子母口。敛口作子口，平唇，鼓腹略呈垂腹，高圈足，绳索状提梁。盖敞口作母口，隆形盖，菌状纽。卣腹上部饰菱形云雷纹带，两侧中间各有浮雕一兽首，内底和盖内有铭文："亚▢▢作父癸彝。"

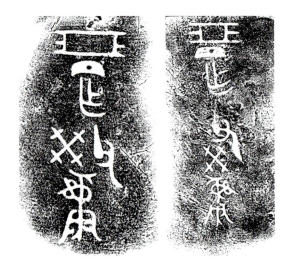

盖内铭文　　　　内底铭文

卣 商

1984年长清县（现济南市长清区）小屯遗址出土

现藏济南市长清区博物馆

通高20.7、直径10.4、底径12厘米，总重0.1859千克

椭圆体，子母口带盖。敛口作长子口，鼓腹略垂，圜底、圈足略外撇。上腹部有对称环纽，外接绳索状提梁。隆顶盖，盖顶有菌状纽，盖沿下折内凹作母口与器扣合。上腹部饰一周雷纹，上、下缘以联珠纹，两侧居中部位有浮雕兽首。圈足上有纹饰，锈蚀不清。菌状纽上饰竖向的线纹装饰，盖缘饰一周雷纹，上、下缘饰联珠纹。盖沿饰倒三角纹、内填三角纹及卷云纹。盖内和内底有铭文"叔龟"。器身稍有残缺，已修复。

盖内铭文　　　　内底铭文

卣

商

孔府旧藏

现藏孔子博物馆

通高33、口径14.5×11.3、足径18.7×15.2厘米，重5.3千克

椭圆体。口微敛作子口，鼓腹下垂，圈足外撇。隆顶盖，盖沿内曲作母口，菌状盖纽。器腹两侧有环耳，衔绳纹提梁，口沿下饰一周菱形雷纹，中间浮雕一兽首，腹部素面，圈足饰两道凸弦纹。器盖和器底内壁竖行对铭"册父乙"三字。清高宗三十六年（1771年）乾隆皇帝颁赐宫中十件祭祀铜器给孔庙，用于祭祀孔子，俗称"商周十供"，此器为商周十供之一。

盖内铭文　　　　　　　内底铭文

卣

商

1962年长清县（现济南市长清区）小屯遗址出土

现藏济南市长清区博物馆

通高28.7、直径14、底径18厘米，重4.739千克

椭圆体，子母口带盖。敛口作子口，鼓腹略下垂，圜底，圈足略外撇，上腹部有两环纽，内接绳索状提梁。隆顶盖，盖顶中央有一菌状纽，盖沿下折内凹作母口。上腹部饰一周云雷纹，上、下各饰一周联珠纹，器物两侧正中各有一凸起兽头。盖内有"亚"符号，器内有"叔龟"铭文。

器内铭文

盖内铭文

卣

商

1974年苍山县（现兰陵县）晒米城遗址出土

现藏兰陵县博物馆

通高31、上口径14.5、腹径21厘米

椭圆体。敛口作长子口，鼓腹略呈垂腹，平底，高圈足外侈。口沿下有对称半环纽，与绳索状提梁相连。弧顶盖，盖沿内曲作母口，居中有球形纽盖。盖沿、口沿均有一周云雷纹，上下各有一周联珠纹。口沿下的纹饰带前后各有一浮雕兽首。

卣

商

馆藏

现藏烟台市博物馆

通高17、口径8.6×6.3、底径9.7×7.5厘米

椭圆体。长子口，扁圆深鼓腹，高圈足外撇，口部外侧有双环纽。弧顶盖，盖沿内曲作母口，有菌形纽。通体素面。盖内和圈足内有铭文，不识。

卣 | 商

1983年寿光县（现寿光市）益都侯城城址出土

现藏寿光市博物馆

通高18.5、通宽16.1、口径11.1厘米

　　椭圆体。盖与器子母口扣合，因锈蚀已不能开启。束颈，垂腹，圈足外侈，腹上两侧各有半圆形纽。隆顶盖，居中有捉手，盖沿下折作母口。绳索形提梁，两端呈环状与纽相套合。盖饰兽面纹，下腹部两面各饰一组兽面纹。盖沿、颈部、圈足饰相对夔龙纹组成的兽面纹。颈部纹饰带还有浮雕兽首。器物锈蚀较重。

卣 | 商

2010年济南市大辛庄遗址出土

现藏济南市考古研究院

通高33.6、口径23×16.2厘米

　　作两鸮相背形。有盖，盖面圆鼓，饰云纹，有尖喙，双目凸出，作鸮首，纽帽菌形。器体为鸮身，腹饰鸮翼纹。四蹄形足又分别为鸮鸟的两足，足面爪线分明。颈部两鸮鸟之间对置半环耳，内套绚索提梁。

卣

商

1961年长清县（现济南市长清区）小屯遗址出土

现藏山东博物馆

通高23.5、腹径27、底径19厘米

敛口，圆鼓腹，圈足外撇。弧顶盖，盖顶有圆形捉手。器、盖均有穿带耳，盖纽与圈足有方孔与贯耳对应。器颈与盖顶各饰一周涡纹和四叶纹相间组成的圈带。器颈装饰带上有凸起的兽面。盖内和器内底有"举祖辛禹"铭文及一亚形族徽。

盖内铭文　　　　　　　　　　　　　　内底铭文

卣 | 商

2011年济南市刘家庄遗址出土（M121）

现藏济南市考古研究院

通高33、口径13.2、底径12厘米

　　卣身直筒形。子口，短颈，深腹微鼓，矮圈足略外撇。颈部对称设两纽，纽上套近方形提梁，断面呈圆形。卣盖直口作母口，斜顶，菌状纽。盖顶、腹及圈足设四道扉棱，均分为四个纹饰区。盖顶饰四组正视象纹，盖沿外侧饰八条夔纹。颈部饰两组兽面纹、均各有两相对的夔龙纹组成，以浮雕兽首为界。腹部纹饰分为上、下两部分，上部扉棱两侧各饰一夔纹，中下部饰以扉棱为鼻的两兽面纹。圈足每条扉棱两侧各饰一相对的夔纹。

卣

商

1986年青州市苏埠屯墓地出土（M8∶11）

现藏山东省文物考古研究院

通高35.5、通长20.5、通宽17、器高33.3、足径13.5厘米

平唇，长直口，长束颈，深腹略鼓，圜底，高圈足，有台座。盖长口微束作母口、弧顶、菌状纽。绚索状提梁，两端有方环与颈部一环耳套合。颈部有对称的两个兽首，颈、腹、足与盖均饰凸弦纹。盖内与内底有"融"字铭文。

内底铭文

盖内铭文

卣 商

调拨

现藏菏泽市博物馆

通高31.5、通宽22.3、口径14.9×12.8、
足径14.4×12.7厘米

　　椭方体。长直口作子口，鼓腹下垂，圈足略外
侈。口沿下有对称半环形纽，接兽首提梁。隆顶
盖，盖沿下折作母口，蘑菇形纽盖，短颈。器盖上
饰兽面纹，盖沿纹饰不清。腹部饰兽面纹，漫漶不
清。器盖和器体底部的内壁对铭三行二十三字：
"王来兽（兽）自豆录（麓）才（在）褸師王乡
（飨）酉（酒）王光（贶）宰甫贝五朋用乍（作）
宝鼎。"

226

卣盖

商
1972年济南市刘家庄遗址出土
现藏济南市博物馆
通高8、口径16.2×12.8厘米

　　扁椭圆形，弧形顶，居中有一蘑菇状
纽。两侧饰两组单层浮雕状的鸱鸮头，口
向下。盖内铸有一族徽"𧀼"。

卣盖

商

2011年济南市刘家庄遗址出土（M121）

现藏济南市考古研究院

通高5.6、口径8厘米

　　圆形。长直口，弧顶，菌状纽。盖顶及口外侧
各有四条扉棱。盖面饰两组以扉棱为鼻的兽面纹，
口外侧饰四条夔龙纹，均以云雷纹为地纹，以扉棱
为界。内壁有铭文""。

壶

商

滕州市前掌大村出土

现藏滕州市博物馆

通高37.1、口径13、底径14.4厘米

　　体形瘦高。圆唇，直口，葫芦形深腹，矮圈足外撇。颈部两侧有两环耳，耳中套接有提梁。口沿上承子口盖，盖面隆起，喇叭形纽。最大腹径偏下，近平底，提梁呈绳索状。器身颈部饰一周兽面纹，被两环耳和两条扉棱分割为四组，上、下各有一组联珠纹，云雷纹衬地，上有一周列旗纹。圈足亦饰一周兽面纹和列旗纹，亦被对称的四条扉棱分为四组。盖面饰三周凸弦纹。器盖内铭文"子口"二字，器内底因有较厚锈层，有无铭文不清。出土时器内盛有约1300毫升透明液体。

壶 | 商

2011年济南市刘家庄遗址出土（M121）

现藏济南市考古研究院

高36.2、口径14.2、腹径24.5、底径18.3厘米

尖圆唇，侈口，长颈微束，深鼓腹略下垂，圜底，高圈足。颈上部两周凸棱，其下置对称的饰兽面纹的贯耳。贯耳处一周纹饰带，饰以短扉棱为鼻的两变形兽面纹，其上、下各饰一周联珠纹。圈足饰一周纹饰带，为云雷纹，上下各一周联珠纹。壶颈部内壁有铭文"戈"字。

罍 | 商

1961年长清县（现济南市长清区）小屯遗址出土

现藏山东博物馆

高40、口径17、腹径35厘米

　　厚方唇，侈口，束颈，圆肩微鼓，深腹，下腹
渐收，圈足。肩两侧附兽首衔环耳，下腹一侧有兽
首形环纽。肩与上腹以三条扉棱为中心，分别饰夔
纹构成的三组兽面纹，下腹饰蝉纹。口沿内铸铭文
"举祖辛禹"及徽号。

罍 | 商

1986年青州市苏埠屯墓地出土（M8：10）

现藏山东省文物考古研究院

高30.4、口径15.4、圈足高2、足径13.2厘米

　　方唇，侈口，高束颈，颈、肩结合处略呈台阶状，圆肩微鼓，长深腹，上部微鼓，下腹斜直，小平底，矮圈足。肩部有对称的两个兽首半环耳，两耳之间各有三个凸起的涡纹，涡纹下饰两道细凸棱。下腹部有兽首环耳一个。口内侧有"融"铭文。

肩部兽首

下腹部兽首

罍 | 商

1983年寿光县（现寿光市）益都侯城城址出土

现藏寿光市博物馆

高42.5、口径19.5厘米

方唇，侈口，束颈，圆肩微鼓，肩、颈结合处有台阶。深腹微鼓，小平底，矮圈足。肩部有对称兽耳衔环，腹下部一侧饰兽首环纽。颈部有凸弦纹二周；肩部饰对称的圆涡纹六个，前后两侧居中的涡纹之间两侧饰相对短身夔龙纹。两耳左右饰相对短身夔龙纹，均以云雷纹作地；腹上部饰凹弦纹一周；圈足饰一周云雷纹。

圈足纹饰

罍 | 商
2010年济南市大辛庄遗址出土（M256：6）
现藏济南市考古研究院
高37.2、口径14.4、底径13.6厘米

　　侈口，斜方唇，束颈，宽肩略凹，斜腹稍鼓，底内凹。肩部对称置两个附圆乳丁的半环形鋬，下腹一侧有一兽首状半环形鋬与肩部鋬交错排列。肩部饰两周联珠纹夹一周云雷纹带和一周凹弦纹。

罍 | 商
1931年益都县（现青州市）苏埠屯墓地出土
现藏山东博物馆
通高21.8、口径12.5厘米

　　方唇，沿面内斜，束颈，肩部微鼓，鼓腹，小平底。肩部有对称兽首环耳，下腹部有兽首环纽。肩部一周极细的凸棱，肩、腹结合处一周云纹。器身可见明显补铸痕迹。一侧錾内腹外壁上有铭文"作册從彝"。

罍 | 商
1958年益都县（现青州市）苏埠屯墓地出土，
济南市物资回收公司废旧物资仓库二库拣选
现藏济南市博物馆
通高42.2、口径13.4、底径15.3厘米

　　子母口带盖。器直口作母口，高直颈，鼓肩、肩部有对称兽首环耳，内套圆环，深腹微鼓，下腹部一侧有一兽首，圈足外撇。弧顶盖，盖沿内折作子口，舌较短，顶有蘑菇纽，上有阴线纹。颈部两道弦纹，其余部位通体满饰纹饰，细雷纹作地。肩部为变形兽面纹，上下缘一周卷云纹。两兽耳处的兽面纹为两倒立夔纹组成，圆目凸出，中有浅凹窝，夔龙的躯干以粗阳纹表示。两耳之间为两夔龙向背，臣字形眼眶、圆目凸出、中有浅窝，上有角、下有利爪，尾上卷。上腹部、盖缘为涡纹和四瓣目纹交替分布。下腹部为三角纹，内填变形云纹、阴线纹、云雷纹。盖面为几何三角纹。肩部、下腹部的兽首臣字形眼眶，圆目凸出，中有浅窝；椭圆形耳，上有十字形阴线；C字形角上翘，上有阴线纹，吻部凸出。盖内及口内同铭，释为"亚醜"。

盖上纹饰

240

241

肩部纹饰

盖内铭文

口沿铭文

下腹部兽首

彝　商

1973年惠民县大郭村商代墓葬出土

现藏惠民县博物馆

通高22.8、长12.3、宽10.3厘米

　　器身呈深腹斗形，口略大于器底。器身子母口，深腹斜直，器腹向下延伸为圈足，四边有缺口。四面斜坡屋顶形盖，盖顶有四面坡纽。器表光素无纹饰。器身内底及盖内铸有铭文，有专家释为"戎"字。

盖内铭文

内底铭文

彝 | 商

1976年胶县（现胶州市）西皇姑庵遗址出土

现藏胶州市博物馆

通高24、口径14.7×12.1、圈足高3.7厘米，
重2.64千克

　　整体四面坡房形。长方形器身，上扩下
收，直口，斜直腹，方圈足稍外撇，圈足每边
都有一拱形缺口。器盖上小底大，造型为四坡
屋顶形，盖顶有纽，纽亦为四面坡式。盖与腹
各饰两道凸弦纹。方彝内底铸有一组复合铭
文，释读为"举女"。

斗 ｜ 商

1986年青州市苏埠屯墓地出土（M8：33）

现藏山东省文物考古研究院

通长18.5、通宽5、斗高3.5、斗口径2.8厘米

　　圆筒形斗，长柄。圆唇，斗敛口，腹微鼓，平底。一侧伸出扁平长条柄，中部略弯，末端呈菱形。柄中段饰一兽首，末端饰云雷纹为地的凤鸟纹，长尾尖喙。柄部有断裂。

鉴 | 商

黄县丁干圃旧藏

现藏山东博物馆

通高15.7、口长27.6、口宽26.1厘米

　　整体长方形。直口，直腹，方角足，双附耳。口沿下饰连续的三角纹，腹（无耳的两面）以扉棱为中心，饰带躯体的兽面纹，张口，圆凸目，阔角，云雷纹为地。兽面纹两侧配置夔纹。足以四隅为中心，饰兽面纹，亦以云雷纹为地。腹内壁铸三字："射妇桑。"

盉

商

1931年益都县（现青州市）苏埠屯墓地出土

现藏山东博物馆

通高28.4、口径11.3厘米

圆唇，敞口，束颈，深腹圆鼓，圜底，三柱足。前有短管状流，后有兽首环耳鋬。弧顶盖作子口插入口中，盖纽作菌形。盖侧与鋬顶有用来栓系的半环纽相对应，器颈与盖各饰一周简化兽面纹。盖与柄下对铭"作珙从彝"四字。

鋬内铭文　　　　　　　　　　　　　盖内铭文

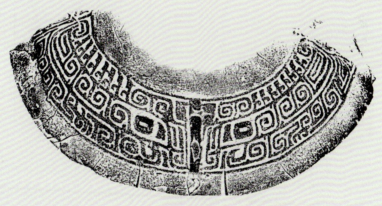

盖面纹饰

颈部纹饰

盉 | 商

1992年昌邑县（现昌邑市）上河头村出土

现藏昌邑市博物馆

通高24.1、口径13.3、流通长9.3、裆高6.9、

最大腹径为19.5厘米，重3.3千克

　　圆唇，卷沿，束颈。鼓腹，最大腹径居中，裆微内收。三柱足作大象垂鼻触地状。颈部饰夔凤纹三组，每组两两相对，四周有凸弦纹作框栏。鋬作牛首状，双角歧出，两耳翼分，两目瞠圆。牛首上侧正中近口沿处有桥形组，为挂连器身与器盖间铜链之用。筒状流斜出于上腹部。通体纹饰采用高浮雕形式。铭文"登共尊彝"四字铸在鋬下。盖已散佚。

盘 | 商

济南市长清区出土

现藏山东省文物考古研究院

通高14、口径31.3、底径18厘米，重4.479千克

方唇，宽平沿，深腹，圜底近平，高圈足、下部外侈，有高台座。腹部和圈足各有一周三组纹饰，均以云雷纹为地，每组纹饰间以扉棱间隔。腹部纹饰每组为两夔龙纹相对，居中有扉棱。夔龙圆目凸出，中有瞳孔，张口，上、下吻较长，分别向上、向下卷曲。龙首与龙身结合处有长鬃毛后扬。长龙身，尾部卷曲，有爪。龙的上吻、下吻、龙身部分均为粗阳纹，中有阴线纹。圈足每组纹饰为兽面纹，扉棱为鼻。兽面纹圆目凸出，中有瞳孔，T字形角卷曲，鼻孔蜷曲，尖状长耳后扬，短身后扬，尾部卷曲。

铙 | 商

1986年青州市苏埠屯墓地出土（M8：27）

现藏山东省文物考古研究院

通高18.2、铙间距12.7、鼓间距9.2、

甬口径3.3厘米，重1.141千克

合瓦体，器体厚重。铙部略鼓，筒形甬，一端稍粗，中空，与铙腔相通，平舞。铙正、反两面有浅浮雕兽面纹，仅表现出卷角，凸目，阔脸等，纹饰量简单，但是表现生动、肃穆。在两面铙的敲击部位均有稍高的长方形敲击区域。同出3件，形制相同，大小相次。

铙 │ 商

1973年惠民县大郭村商代墓葬出土

现藏惠民县博物馆

通高11、铣间距9.3、鼓间距6厘米

　　合瓦体，弧形口，阔腔，粗甬。器表有简单的凸起线条装饰。铙内部铸有铭文，有专家释为"戎"字。

铙 | 商

1984年沂源县东里镇东安故城出土，
孙继法捐赠

现藏沂源博物馆

通高23、甬高8.5、舞长13.5、舞宽9.9、
铣长14.7、钲长13.3、铣间距17.9、
鼓间距13.2厘米，重约2.81千克

　　合瓦形，甬为圆形柱状带锥度中空，甬与铙体通。铙体两面饰饕餮纹，甬部素面。铣部到舞部中心，一直到甬部有清晰的范线，浇铸口与排气口均在柄部。铙体内部饰一弦纹，内部光滑，未见调音痕迹。同出3件，纹饰基本相同，大小相次，此件为最大的一件。

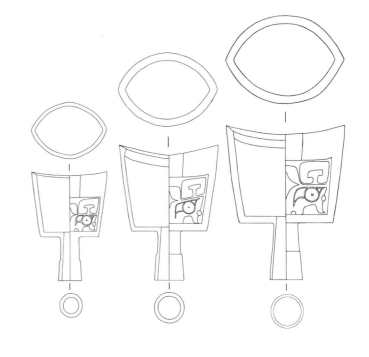

钺 | 商
1986年青州市苏埠屯墓地出土（M8：29）
现藏山东省文物考古研究院
通长23.6、通宽13.1、内长8.8、宽6.4厘米

　　扁平铲形，弧刃稍斜，平肩，长方形内，肩部两长穿，内一圆穿，钺两面均饰三角形纹。器身有麻布痕迹。同出2件，形制、大小、纹饰基本相同。

钺 商

2010年济南市大辛庄遗址出土（M163：5）

现藏山东大学博物馆

刃宽11.4、内长5.4、通长16、厚0.9厘米

　　整体略呈凸字形，圆弧刃，平肩，肩部有
两个长方形穿孔，长方形直内偏向一侧，正反
两面饰相同的浅浮雕兽面纹。臣字眼，双瞳为
圆形穿孔。内部残存朽木痕迹。

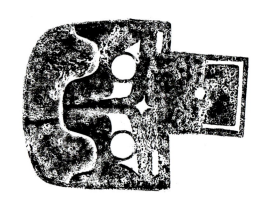

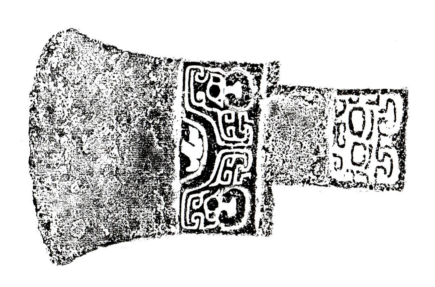

钺 | 商

2010年济南市大辛庄遗址出土（M127：3）

现藏山东大学博物馆

刃阔11、肩宽7.5、内长5.5、内宽4.3、通长16.5厘米

　　钺身整体呈凸字形，亚腰，弧刃，平肩，长方形直内偏向钺身一侧。铜钺两面纹饰基本相同，钺身近肩处饰兽面纹，上以两个凸起的横向C形纹为眉，臣字形眼，圆形瞳孔凸起，内后部有一方框，内饰兽面纹。

钺 │ 商
2003年莱西市前我乐村东墓葬区出土
现藏莱西市博物馆
通长33.8、肩宽24、刃宽29.2、肩厚1.5、内穿直径9.7厘米，重4.06千克

　　器身呈长方形扁平状，上厚下渐薄，上方正中有一半圆形穿，肩部有两长
条形穿。长方形内，弧形刃宽大。素面无纹饰。

钺 | 商

1965年益都县（现青州市）苏埠屯一号墓出土

现藏山东博物馆

通高32.7、通宽34.5厘米

　　长方形，方内，双穿，两肩有棱，弧形刃。器身
透雕人面纹，环目张嘴，口部两侧铸铭"亚醜"。

戈 ｜ 商
1984年济南市大辛庄遗址出土（M5：6）
现藏山东大学博物馆
通长22.5、两阑宽10.5厘米

　　援部面阔而短，呈大三角形，无阑，长方形直内，内和援尾分别有一圆孔。内后部铸有兽面纹，纹络间镶嵌绿松石片。两孔之间有用绳捆绑的痕迹和麻类织物朽痕。

戈 ｜ 商

1986年青州市苏埠屯墓地出土（M7∶16）

现藏山东省文物考古研究院

通长18.3、援长12.3、内宽5.5厘米

　　援呈宽三角形，前锋较钝，无阑，近内部有两个长方形穿，一大一小，分
处上、下两端。援中部起脊，后端中部有圆形穿。内为长方形，有长椭圆形大
穿孔一个。

戈 | 商

2010年济南市大辛庄遗址出土（M163：2）

现藏山东大学博物馆

援长17.7、内长5.5、通长23.2厘米

　　援呈宽大的三角形，无阑，近内部有两个长方形穿，一大一小，分处上、下两端，援中部起脊，后端中部有一圆形穿。内为长方形，末端正反面饰绿松石镶嵌而成的兽面纹。内中部有一椭圆形穿，内部残存木质戈柲残痕。

戈 ┃ 商

1979年益都县（现青州市）肖家庄村出土，王奎五捐赠

现藏青州市博物馆

通长24厘米，重0.308千克

　　长直援，中部有脊，有上、下阑。长条形内，近阑处有穿，内尾端两面均有阳纹装饰。戈身有布纹痕迹。

戈　｜　商

1970年济南市大辛庄遗址出土

现藏济南市博物馆

通长27、援长17.5厘米

　　援呈长条状，有中脊，脊上有一穿。有上、下阑，现只存上阑。内弯曲下垂，饰阳纹云雷纹、卷云纹，内上一穿。锈蚀严重，器身有织物痕迹。

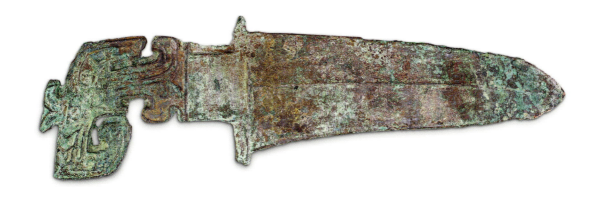

戈 | 商

2011年济南市刘家庄遗址出土（M121：17）

现藏济南市考古研究院

通长27厘米

    整体较薄。长援，曲内。援尖端圭首形，不甚明显，断面呈菱形，有中脊。上、下阑均残。曲内呈鸟形，有歧冠。

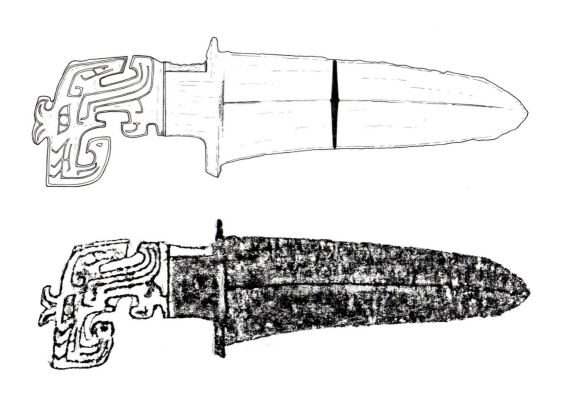

戈 | 商
2014年淄博市临淄区稷下街道官道村出土
现藏齐文化博物院
通长24.5、通宽6.2、援长16.6、内长8、銎孔径3×1.9厘米

　　整体厚重。弧援无脊，锋部圆钝，无阑。援、内交界处置三角形加固。内前端置椭圆形銎孔，后端呈弧形向下弯曲。内上由末端向前分别饰凤尾夔龙纹、夔龙纹、兽面纹及同心三角纹，两面纹饰相同。

戈 ｜ 商

1993年广饶县西花村南湾内出土

现藏东营市历史博物馆

通长21.6厘米

　　有阑直内式。援宽而长，刃部使用痕迹明显，前锋钝角，无穿。内作长方
形，内中部有一圆形穿。

戈 | 商

馆藏

现藏济南市博物馆

通长23.9、援长16.7、阑长7.3厘米

长援平直，中部有细脊线，断面呈扁菱形，下刃略弧。阑上下凸出，长方直内，内上一圆穿，内尾为弧，下角有小刺。内铭一字，不识。

戈 | 商
　　｜ 馆藏
　　｜ 现藏济南市博物馆
　　｜ 通长25、援末宽9.4、内尾宽5.4厘米

　　整体宽短体厚。援部舌条状，呈等腰三角形，中间起脊，脊线明显，刃部明显，无胡无穿，銎内，内尾部等宽平齐。銎部椭圆形，饰瓦纹，在戈的援末与銎内相接处，正、反两面又各有两个错金环形目状纹饰。正面内尾端各有一铭文和花纹。

戈 | 商
2011年济南市刘家庄遗址出土（M121：26）
现藏济南市考古研究院
通长25厘米

銎内戈，整体较厚重。长条三角形援，椭圆形銎，直内。援断面呈菱形，中脊凸显一直延续到銎，内两面有铭文"$\Uparrow$"。

戈 ｜ 商

1982年潍坊市寒亭区鞠家庄村出土

现藏潍坊市寒亭区博物馆

援长15.7、宽5.8厘米，内长6、宽4.3厘米

　　圆钝首，宽短援身，中部起脊，有一条较粗的凸棱，有阑。长方形内，尾部分歧，上有穿。

戈｜商

征集

现藏济宁市博物馆

通长23.1、宽5.6厘米，重0.356千克

宽援，起脊不明显，有阑，长方形内。阑内侧有三角形纹饰区域，内填兽面纹。内上有穿，外侧有一符号。

戈　商

1984年长清县（现济南市长清区）小屯村出土

现藏济南市长清区博物馆

通长26厘米

　　钝首，长直援微上翘，长胡，长方形内，尾端圆弧，内与援在同一条直线上。阑侧有两长条形穿，两侧刃部微残。

戈 | 商
1986年青州市苏埠屯墓地出土（M7：10）
现藏山东省文物考古研究院
通长25.2、通宽13.5厘米

　　长援稍宽，中部略鼓，未见明显脊线。三角形钝首，上刃平直，中胡，无穿，有上下阑，方内圆角，尾端略下垂，有齿。援有上、下两道雷纹，上部纹饰与上刃基本平直，下部纹饰一直延伸到胡部。阑侧有高起的兽首，整体作片状三角形，有两亚腰形柱状角。以阴线表现兽首的各部位，三角形大口、鼻、目、额明显，尖状角。内饰阴线涡纹。戈正、反两面纹饰相同。

矛 | 商

2011年济南市刘家庄遗址出土（M121：14）

现藏济南市考古研究院

通长24.1厘米

　　亚腰形矛叶至骹中部，叶尖呈三角形，中部有脊，双叶有刃，叶两面中部有长桃形凹槽，底部两侧各有一近三角形穿。骹腔近菱形。

刀 | 商
1983年寿光县（现寿光市）益都侯城城址出土
现藏寿光市博物馆
通长41.3、宽5.8、背厚0.3厘米

长条形，刃部较平，前锋上翘。背部三銎，銎内有朽木痕。

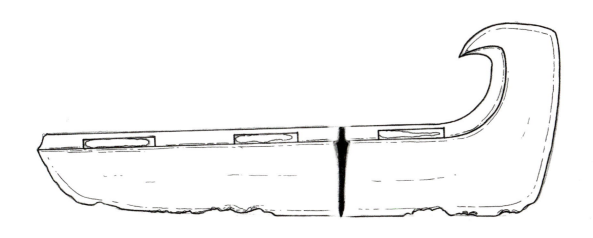

刀 | 商

2011年济南市刘家庄遗址出土（M121：9）

现藏济南市考古研究院

残长33、中宽5.5厘米

　　刀身较长，前锋作弧形向后弯卷，刃整体较平直，后部呈弧形，直背较薄，阑有三个长条形穿。

刀 | 商

1986年青州市苏埠屯墓地出土（M8：53）

现藏山东省文物考古研究院

通长29.2、通宽12.8厘米

刀身平薄、较长，前锋向后弯曲，刃整体较平直，后部呈弧形，背部现存两薄扉棱。近背部有一浅凹槽，凹槽再向内为条带状云状纹饰。背部有两长条形穿。刃部前锋处有一较小的三角形穿。同出2件，形制稍有区别。

刀 | 商
2011年济南市刘家庄遗址出土（M121：55）
现藏济南市考古研究院
通长35、中宽6.6厘米

　　刀身宽大，刀背微凹，刃部内凹，前锋平折上翘，短柄略有残缺。刀背较宽，两侧饰三角形波折纹。

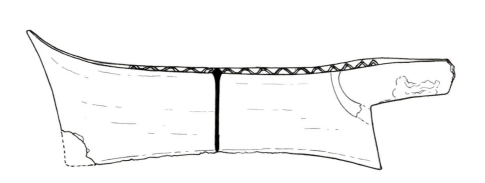

刀 | 商
1983年寿光县（现寿光市）益都侯城城址出土
现藏寿光市博物馆
刀身长30、背厚0.9、柄长10.2、柄厚0.7厘米

　　不规则长条形，刀柄与刀片有明显分界。刃中部微呈凹形，或为使用磨损所致。前端上翘，刀柄稍长略下垂。

刀 | 商
济宁市兖州区李宫遗址出土
现藏济宁市兖州区博物馆
通长25厘米

刀首较宽，刀柄狭长，饰以凸棱。刀体有残缺。

刀 | 商
2010年济南市大辛庄遗址出土（M163：3）
现藏山东大学博物馆
通长26.8、最宽4.4、厚0.2～0.7厘米

　　尖三角形，窄柄，背近直，斜平刃，刃与柄交界处略呈直角。柄处有纺织
物腐朽痕迹。

刀 商

1986年青州市苏埠屯墓地出土（M8：52）

现藏山东省文物考古研究院

通长29.8、刀宽4.1、柄长11厘米

　　整体长条形。厚背，薄刃，锋端由刃弧向下倾斜，柄略下曲，末端略细，环首。

刀 | 商

1983年寿光县（现寿光市）益都侯城城址出土

现藏寿光市博物馆

柄长11.2、宽2、中间厚0.7厘米，刀片长19.6、宽4.4、背厚0.5厘米

　　不规则长条形，刀片与刀柄有明显分界。锋端由刃向背方上斜。柄中间厚，两边薄，末端作环状。靠近背部铸铭"己"。

弓
形
器

商
青州市苏埠屯墓地出土，陈学书捐赠
现藏青州市博物馆
通长34厘米

　　弓背，弓臂向外斜伸。圆形铃首上有镂孔，外臂长于内臂。弓背中央有圆
形凸起。

弓形器

商

2011年济南市刘家庄遗址出土（M121：47）

现藏济南市考古研究院

通长34.8、通高8.6厘米

　　弓身扁长，中部略宽，向上拱起，两端与曲臂相连。曲臂下端接一圆铃，铃周壁有四长条形镂孔，内有一小铜球。弓身中部有一圆形凸起，外围周身饰有放射状阴线。

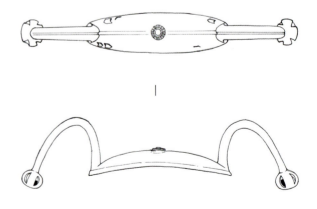

弓
形
器

商

1986年青州市苏埠屯墓地出土（M8：31）

现藏山东省文物考古研究院

通长35、通高9.7厘米

　　弓身扁长，中部略宽，向上拱起，两端有弧形臂，呈C字形。臂端呈镂孔圆铃形，铃内含小铜丸，摇动时可发出声音。弓面有圆凸，原或内嵌绿松石，周饰八角星纹。

弓形器

商

1984年沂源县东里镇东安故城出土，
孙继法捐赠

现藏沂源博物馆

通长34.6、通高10.2、弓背长18.6、
中宽5.6、銮铃径3.1厘米，重约0.77千克

弓背中部饰太阳纹，嵌绿松石，弓臂
与弓背夹角为锐角。两弓臂臂端饰镂孔瓣
状銮铃，镂孔为四个，内有卵石。同出
2件，纹饰稍有差异。

车軎、辖

商
青州市苏埠屯墓地出土
现藏青州市博物馆
通高20.5厘米，重0.724千克

　　軎身圆筒形，细长体，远端微鼓。长条形辖孔，軎身中部有圆形对穿，辖首为兽首状。辖孔处有对首短身夔龙纹，雷纹为地，方目张口，尾部分歧，龙身有阴线装饰，軎身有长蕉叶纹，内填线纹和雷纹。

车軎 | 商

捐赠

现藏青岛市博物馆

通高20、径5厘米

呈圆筒形，整体细长，一端略细，封口，饰有兽面纹，一端略粗为敞口，近敞口处有对称的两长方形穿。器中部有对称两个方形小穿，器身饰有四组蕉叶纹，辖孔间饰一对兽纹。

轭 ｜ 商

馆藏

现藏青岛市博物馆

通长38厘米

长条体，一端弯曲约90°，正面弧形，反面凹形。正面铸有三组变形阳纹兽面纹，着朱色，两端各有一穿。

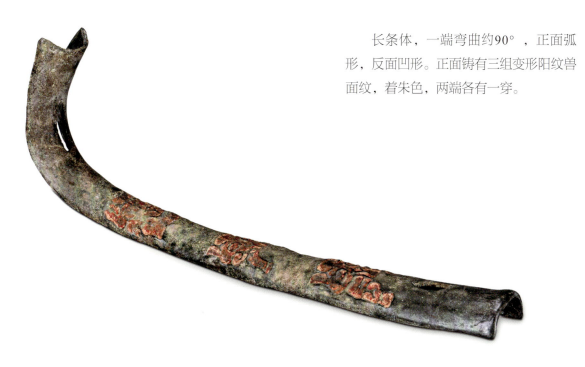

轴饰

商

馆藏

现藏青州市博物馆

通长14.6厘米

横截面呈圆角梯形，近端饰向背夔龙纹，雷纹为地，远端饰三角线纹。

商

1972年益都县（现青州市）苏埠屯墓地出土，
陈思文捐赠

现藏青州市博物馆

通高16厘米，重0.42千克

横截面呈梯形，近端饰相背夔龙纹、雷纹为
地，远端饰三角线纹。

车
饰

商

馆藏

现藏青州市博物馆

通长31.5厘米

整体长方形片状弧形。正面饰浮雕长身龙纹，背面有四个环纽。

车饰

商

馆藏

现藏青州市博物馆

通长18.9厘米，重0.181千克

长条形，剖面呈梯形。顶面有长条形缺口，侧面和底面有浮雕夔龙纹。器身有裂纹。

商

征集

现藏青岛市博物馆

口径长9.6、宽7、高13厘米

筒状，器口呈马蹄形，敞口面较细，
封口较粗，带有前方后弧形底足。饰一周
浮雕兽面纹。

当卢

商
1972年益都县（现青州市）苏埠屯墓地出土，
陈思文捐赠
现藏青州市博物馆
通高16厘米，重0.085千克

圆角三角形片状。素面，正面沿边沿有三道弦纹。背面有一环纽。

策 | 商

1984年沂源县东里镇东安故城出土

现藏沂源博物馆

通长27.5、直径1.5厘米，重约0.1455千克

　　呈圆柱形，整体细长。首端为凸出兽首，圆目凸出，以卷云纹表现口鼻等，双角凸出。中空，顶端有一穿，柱体饰菱形方格纹。柱体断裂，后修复。

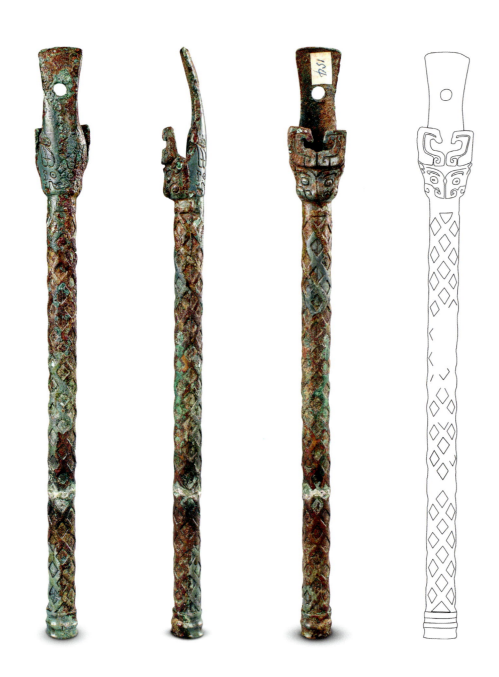

斧 | 商

1931年益都县（现青州市）苏埠屯墓地出土

现藏山东博物馆

通长11.2、刃宽3.4厘米，銎长4.2、宽2厘米

略呈梯形。有銎。一侧铸有"亚醜"
铭文。

锛 商

1983年寿光县（现寿光市）益都侯城城址出土

现藏寿光市博物馆

通长11.4、刃部宽3.6、銎径4.2×1.4厘米

　　扁平长条形。平顶，弧形两面刃，长方形銎。两侧有铸缝。銎内有朽木痕。靠近銎铸阳铭"己"。

锛 | 商

1986年青州市苏埠屯墓地出土（M8：40）

现藏山东省文物考古研究院

通长8.2、通宽3.5厘米

长条形。单面刃，弧刃微外撇，平顶，长方形銎。两面均有简化兽面纹，仅双目凸出，有十字形阳纹。

镈

商

1931年益都县（现青州市）苏埠屯墓地出土

现藏山东博物馆

通长11.2、刃宽3.4厘米

通体长方形，剖面三角形。刃部使用痕迹明显，正面有"亚醜"铭文，背面有极简的兽面纹装饰。

  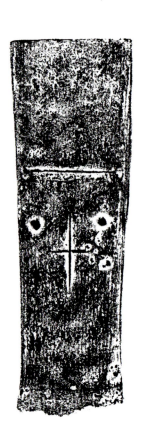

削 | 商
1970年济南市大辛庄遗址出土
现藏济南市博物馆
通长23.5、最宽处1.9厘米

　　整体细长，略呈拱形。尖锋圆钝、刃上斜，刀身截面为T形，凹形长柄，
环首。

削 │ 商
1986年青州市苏埠屯墓地出土（M8：32）
现藏山东省文物考古研究院
通长18.2、削宽2.4、柄长7.4厘米

　　厚背，薄刃微内凹，锋端由刃向背方上斜，柱状柄略下垂，由背部向首端
渐细，环首。

削 ┃ 商
1986年青州市苏埠屯墓地出土（M11：2）
现藏山东省文物考古研究院
通长13.8、通宽1.9、厚0.3厘米

　　长条形。厚背，薄刃，前锋较薄上翘。扁条状柄，末端稍细，居中有一细
阳纹。

削 | 商
1970年济南市大辛庄遗址出土
现藏济南市博物馆
通长24.5、最宽处2.5厘米

　器身细长。前端微翘，直背，平刃，
截面为T形，刀首岐冠。云雷纹为地，冠
首卷起。器身断裂。